Pour Yannick, celle qui a toujours été présente dans les moments les plus importants.

Remerciements

À Jim, Yannick, David et sa fiancée Lisa, Nick Bollettieri, Michel Deschamps, Gavin Forbes, Sven Groneveld, les frères Jensen, Gilles Lhote, Patrick Mahé, Yannick Noah, Patrick Proisy, José Ricon, Lynn Scholtz, mon fan Club, la Fédération française de tennis, l'Academy of tennis, mon sponsor Nike, le merveilleux public de Roland-Garros et tous ceux qui pendant toutes ces années ont cru en moi et m'ont soutenue.

Michel LAFON

MARY PIERCE

ISBN : 2-84098-112-2

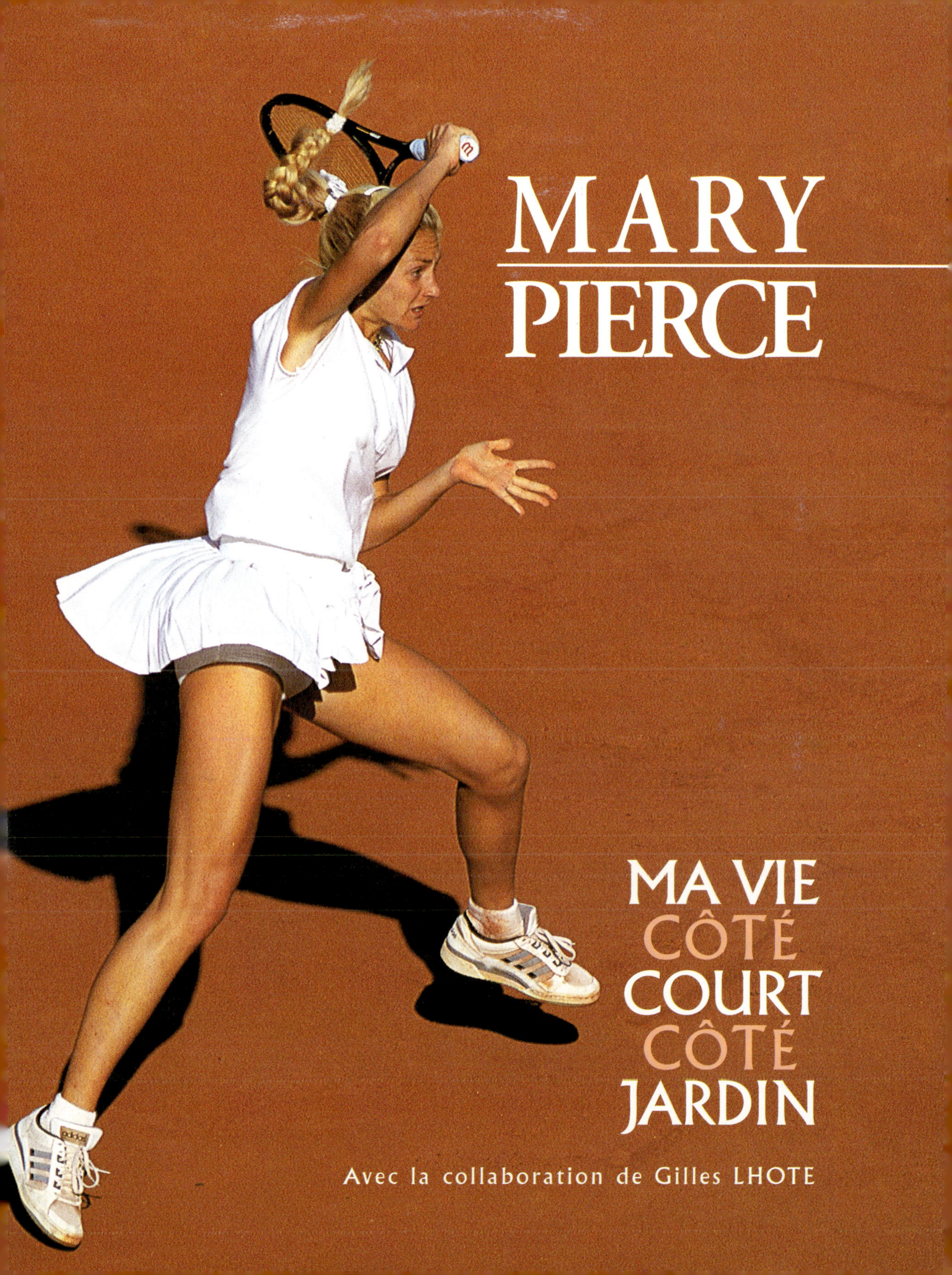

MARY PIERCE

MA VIE CÔTÉ COURT CÔTÉ JARDIN

Avec la collaboration de Gilles LHOTE

L'ENFANCE COMME UN « ROAD MOVIE »

Une Cadillac décapotable rouge sang. Comme les couchers de soleil du Nouveau-Mexique ou de l'Arizona. La chaleur du Texas. Le froid du Colorado. Le désert du Nevada... Voilà, dans le désordre, les premières images de mon enfance dont je me souviens. Du moins, de mon enfance « d'avant tennis ». Parce que dès l'âge de dix ans, seul le tennis - ou presque - a compté dans ma vie.

Oui, ce très long voyage, façon « cruising », à travers l'Amérique m'a enchantée. Je devais avoir huit ans. Deux de plus que mon frère David. Mes parents, Jim et Yannick, voulaient déménager de Seminole, la ville de Floride où nous habitions. Nous sommes partis à l'aventure. Mon père disait : « Les enfants, dès que nous trouverons l'endroit de nos rêves, nous nous arrêterons pour de bon. Ouvrez les yeux ! »

Nous avons bien regardé et nous avons vu des centaines d'endroits sublimes le long de la légendaire Route 66, l'auto-radio évidemment branché country-rock. Mais l'équipée familiale a continué pendant des milliers de kilomètres jusqu'à la Côte Ouest. Même en Californie, papa et maman n'ont rien trouvé à leur goût. Alors, nous sommes repartis en sens inverse, vers la Côte Est, par une autre route.

J'ai encore l'impression que cette aventure a duré des mois. Des mois de bonheur. J'apprenais les véritables choses de la vie. Nous étions devenus des « gens du voyage », comme les saltimbanques.

Je me souviens des villes western avec des cow-boys à cheval, les néons des motels affichant « Sorry, no vacancy » (« Complet »). Après les mêmes milliers de kilomètres qu'à l'aller, nous sommes revenus en Floride, à notre point de départ, la tête pleine de merveilles.

J'apprendrai plus tard que mon père avait une sainte horreur de prendre l'avion et qu'il ne se déplaçait qu'en voiture. D'ailleurs, lorsque

J'AI GRANDI SOUS LE SOLEIL DE FLORIDE. C'EST ENCORE EN FLORIDE OÙ JE ME SUIS CONSTAMMENT RESSOURCÉE AU FIL DES ANNÉES. ET C'EST TOUJOURS EN FLORIDE, CHEZ NICK BOLLETTIERI, QUE JE ME PRÉPARE POUR LES GRANDS RENDEZ-VOUS.

quelques années plus tard je suis partie à Paris avec ma mère, Jim mettra des mois avant de se décider à acheter un billet pour l'Europe.

C'est l'une de mes amies de l'école de Saint-Petersburg, toujours en Floride, qui a fait basculer notre vie. Nous faisions nos devoirs ensemble et j'allais souvent passer le week-end chez elle. Un samedi, elle m'a emmenée à son club de tennis et le professeur m'a fait jouer avec les débutants de cinq ou six ans. Je n'avais jamais touché une raquette de ma vie et, pourtant, mes balles franchissaient presque toutes le filet. Le coach est revenu vers moi et m'a demandé : « Dis-moi la vérité ; tu joues depuis combien de temps ? »

Je lui ai répondu la vérité, mais il ne m'a pas crue et a convoqué mes parents le lendemain.

J'avais dix ans et plus rien ne serait comme avant. Bienvenue sur la planète tennis !

Très souvent, des fans me demandent si je me souviens de la marque de ma première raquette. Je n'en ai aucune idée. En revanche, je nous revois, mes parents et moi, courant les boutiques pour m'équiper : jupe, chaussures, chaussettes...

J'ai commencé à jouer. Sans passion. Au bout de trois mois, les dirigeants du club m'ont inscrite à un tournoi. Je ne me croyais pas assez bonne mais, à ma grande stupéfaction, j'ai gagné. Papa a ressorti la Cadillac du garage et, chaque week-end, toute la famille m'accompagnait dans le circuit des tournois juniors de Floride. C'était drôle d'aller à Jacksonville, à Miami, à Fort Lauderdale... La semaine, j'allais à l'école et, le reste du temps, je m'amusais... au tennis, gagnant match après match, sans avoir la sensation de progresser. Je le répète : je m'amusais, ni plus, ni moins. Je n'ai jamais lancé à mon père ou à ma mère : « Demain je deviendrai championne. » Je n'avais pas d'idoles, pas de modèles. Je ne me suis jamais dit, en regardant la télévision ou en feuilletant des magazines : « Je veux lui ressembler ! Je rêve d'être comme elle ! »

Tout se serait peut-être arrêté si j'avais perdu ce fameux championnat national américain. Oui, mais je l'ai gagné... à onze ans et demi ! Après cette victoire, les choses sérieuses ont commencé. Je sentais beaucoup d'agitation autour de moi. Fini les petits clubs ! Désormais, je m'entraînais à l'Academy Harry Hopman avec un professeur privé. Six mois plus tard, à douze ans, j'étais classée deuxième mondiale et première aux États-Unis dans ma catégorie d'âge.

C'est à cette époque que mon père a décidé de prendre ma carrière en main et de s'occuper de moi à temps complet. Ma nouvelle vie commençait réellement : plus d'école, mais des cours par correspondance et cinq heures minimum d'entraînement par jour. À douze ans, je jouais contre des garçons et des filles de dix-huit ans. très timide, renfermée, je ne parlais à personne. Je n'avais pas d'amis. Impossible de communiquer.

Toujours à douze ans, j'ai gagné le National U.S. Junior, mais le seul match dont je me souviens vraiment,

MAIN DANS LA MAIN AVEC MON PÈRE JIM DANS LE SUD DE LA FRANCE. JE NE LUI REPROCHE RIEN. SI J'EN SUIS LÀ AUJOURD'HUI, C'EST GRÂCE À LUI, À SA DISCIPLINE DE FER ET À SES ENTRAÎNEMENTS INFERNAUX. MALGRÉ LES PROBLÈMES, NOUS SOMMES RESTÉS PROCHES.

c'est le tournoi de l'Orange Bowl où j'ai perdu contre Maleeva en trois sets. Il me reste des souvenirs très précis de ce match, car c'était en fait le seul que j'ai eu absolument envie de gagner.

À l'âge de douze ans et demi, mon père n'a plus voulu que je joue en junior. Il pensait que je perdais mon temps et que l'heure était venue pour moi de passer chez les pros. La Fédération américaine a accepté de m'aider à condition que papa cesse d'être mon coach. Il a refusé et nous nous sommes retrouvés seuls, sans club, sans partenaire.

Jim a vendu sa bijouterie et notre maison. Le temps des grosses difficultés venait d'arriver. Pendant six mois, toute la famille a habité à l'hôtel, à Tampa. Je m'entraînais où je pouvais, parfois sur les terrains publics ; d'autres fois, sur des terrains pourris, fissurés, plein de trous dont les filets étaient déchirés. Je me disais : « C'est pas possible, il y a eu un tremblement de terre ici ? » Mon père passait son temps à me chercher des partenaires pour jouer. Une époque vraiment difficile. Je n'allais pas à l'école, mon frère non plus, et je ne suivais même plus mes cours par correspondance. Sans amis, à l'entraînement toute la journée, je pensais que le tennis devenait trop « sérieux » et plus du tout « amusant ».

Quelques mois avant cette situation préoccupante, à l'époque de l'Orange Bowl, ma mère était entrée en contact avec la Fédération française de tennis. À Miami, j'avais même échangé quelques balles avec Fabrice Santoro et Sébastien Hette, coachés par François Duport. Depuis, aucune nouvelle...

Dans cette période noire, maman a téléphoné plusieurs fois à Paris. Le miracle est arrivé un matin : « Venez, nous vous attendons ! »

Toujours effrayé à l'idée de prendre l'avion, Jim a préféré rester en Floride. Yannick et moi, nous nous envolions vers la France, le pays que maman avait quitté à vingt-trois ans pour achever une thèse de doctorat en littérature à Montréal, au Canada. Je connaissais le reste de l'histoire par cœur. Les vacances à Miami de la belle Yannick Lemasson... La rencontre avec Jim Pierce, « Florida boy » athlétique et bronzé... Le coup de foudre... Le mariage suivi du retour à Montréal où je suis née le 15 janvier 1975.

Mes premières semaines en France ne me laissent pas un souvenir impérissable. Ma mère habitait chez sa sœur à une trentaine de kilomètres de Paris et, pour la première fois de ma vie, je me retrouvais toute seule au Centre national d'entraînement, malheureuse comme la cendrée. Je ne parlais pas français. Je ne comprenais rien du tout. Trop timide et perturbée pour essayer de communiquer, les autres « pensionnaires » croyaient que j'étais snob et fière. Le pire, c'est que je ne savais pas faire ma natte toute seule.

Une nuit, en pleurs, à deux heures du matin, j'ai craqué :

- Allô, maman ? Je ne peux pas dormir. Je vais mal, viens me chercher...

Je n'en pouvais plus. Je voulais tout arrêter. Non seulement, le tennis ne m'amusait plus du tout, mais ça devenait la plus terrible des punitions. Je ne supportais surtout pas d'être séparée des miens. Comme toujours, ma mère m'a réconfortée en trouvant les mots qu'il fallait :

- Je te comprends ma chérie, mais il ne faut pas arrêter le tennis. Pas maintenant, sois patiente, tu as trop travaillé et trop souffert. Le plus dur est passé.

Mais elle est quand même venue me chercher au petit matin, à la grande stupéfaction des responsables de la Fédération qui ont baissé les bras.

Quelques mois plus tard, Jim nous téléphonait de l'aéroport international de Miami. Il avait enfin trouvé le courage de vaincre sa phobie des avions. Mon père arrivait. La famille allait enfin être réunie à nouveau. Ensemble nous pouvions vaincre toutes les difficultés.

AVRIL 1990 À VALBONNE, AU CLUB DES « PIERRES ROUGES », COMME AVANT CHAQUE MATCH, MA MÈRE YANNICK ME FAIT UNE TRESSE AFRICAINE. UN RITUEL IMMUABLE QUI EST LA MARQUE DES PIERCE. J'AI TOUJOURS CRU QUE CETTE TRESSE ÉTAIT UN SYMBOLE PORTE-BONHEUR. MERCI MAMAN.

MAI 1990 À ROLAND-GARROS : J'AI QUATORZE ANS, JE PORTE DES LUNETTES ET UN APPAREIL DENTAIRE. LA PEUR AU VENTRE, JE M'APPRÊTE À SERVIR (CI-DESSUS). CETTE ANNÉE-LÀ, À PARIS, JE SERAI BATTUE AU DEUXIÈME TOUR PAR M.J. FERNANDEZ. C'EST LE DUR APPRENTISSAGE DU CIRCUIT PROFESSIONNEL (CI-CONTRE).

FORÇAT DU TENNIS

« On the road again ! » Mon père conduit la Cadillac décapotable de ville en ville, le long des freeways de Floride. Les cheveux dans le vent, les yeux fermés, j'écoute du rock'n'roll sur une station FM. À quatorze ans j'écume les petits tournois professionnels des États-Unis. La première fois, j'ai gagné cent dollars. Rien et beaucoup à la fois. C'est mon premier argent. Gagné avec ma sueur.

Et la Cadillac reprend la route. Match après match, les dollars s'entassent : 100... 200... 300... 800... Entre les tournois, j'ai le temps de repenser à ma drôle de vie...

Quand Jim est arrivé à Paris, je m'entraînais depuis un an avec François Ducasse, le directeur du club Vitis de Puteaux. Avec maman, nous habitions dans un appartement proche des courts et François me faisait travailler quatre à cinq heures par jour. Très vite, les choses se sont dégradées car mon père entendait rester mon coach et m'apprendre le tennis... à sa manière. Retour à la case départ. Après de nombreuses négociations, maman a réussi à convaincre la Fédération de tennis de me donner une nouvelle chance. Le premier tournoi professionnel auquel j'ai assisté, sans y participer, c'était au Racing, le tournoi Clarins. Avec Jim, nous étions là-bas du matin au soir, attentifs, émerveillés. C'est là que j'ai enfin rencontré des joueuses comme Julie Halard et Nathalie Tauziat.

J'ai ri en choisissant cette photo prise pendant le tournoi de Key Biscayne, en Floride, au mois de mars 1991. Elle résume toute mon adolescence : un look d'étudiante et de sportive sage et studieuse détestant perdre et attaquant sur toutes les balles (page de droite).

Une autre image de « mon » premier Roland-Garros : une serviette posée sur les cuisses, je me désaltère en pensant aux priorités : « Décontracte-toi et sois présente sur tous les coups ! » (ci-contre).

Je ne savais pas vraiment quel était mon niveau. Je rêvais de me mesurer à ces championnes. Quand ce grand jour est arrivé, j'ai compris beaucoup de choses. Je perdais ou je gagnais, mais les matches étaient toujours très accrochés. Désormais, je pouvais jouer avec des professionnelles et même en battre quelques-unes. J'avais enfin des repères. C'est cela qui m'a vraiment motivée pour la suite...

La famille était basée en France et je partais souvent aux États-Unis avec mon père pour ces fameux tournois pro dans l'inévitable Cadillac décapotable. Je ne vais pas me plaindre, mais j'ai démarré au bas de l'échelle. Aujourd'hui, une fille qui débute est très entourée, conseillée. Elle a un coach, un entraîneur, un agent, des gens qui l'aident. Moi, je n'avais que mon père. Il me servait à la fois de coach et d'entraîneur physique. Je jouais contre mon frère.

Jim m'imposait une discipline de fer, quasi militaire : cinq heures d'entraînement par jour sur les courts, plus la gymnastique et la musculation intensive. Ce régime spartiate, à la limite du soutenable, m'a certainement permis d'arriver presque au top-niveau, mais de prendre aussi de mauvaises habitudes que je mettrai longtemps à corriger.

Je les connaissais, mes défauts : un

service à « l'ancienne », un jeu de jambes déplorable et trop lent. En revanche, je compensais par une forme physique éblouissante, un bon coup droit et une frappe de balle très puissante.

En 1990, malgré ce parcours atypique, je suis finalement arrivée à remporter assez de tournois et surtout à amasser un nombre suffisant de points pour « entrer dans le tableau » de Roland-Garros.

J'ai quinze ans, je porte des lunettes et un appareil dentaire. Je suis

timide. Je parle très mal le français. La démesure de Roland-Garros me bluffe et m'intimide. Des milliers de spectateurs se bousculent pour tenter d'apercevoir leurs idoles. Je ne vois pourtant que des joueuses et des joueurs rayonnants, entourés de leurs coaches, de leurs agents, de leurs sponsors.

Trop renfermée, les gens ne m'acceptent pas encore. Le soir, je suis rentrée chez moi avec un mal de tête terrible...

C'était trop ! C'était dingue !

Cette année-là, dans l'indifférence générale, j'ai fait deux petits tours avant de me faire battre par Marie-Jo Fernandez. J'avais envie de gagner chaque point mais, minée par la nervosité, l'anxiété et les crampes à l'estomac, je ne m'exprimais sur le court qu'avec 50 % de mes possibilités...

Inutile de décrire l'état de mon père, compensé heureusement par l'attitude formidable de maman :

« Mary, je sais qu'un jour tu gagneras Roland-Garros ; j'en suis persuadée. »

... Je glisse sur une mer bleu turquoise, accrochée au wishbone de ma planche à voile. Le funboard est un sport beaucoup plus compliqué que le tennis. Il est synonyme pour moi d'évasion et de liberté.

JE DOIS TOUT À MA MÈRE YANNICK. C'EST ELLE QUI, DANS LES MOMENTS DE DOUTE, M'A ENCOURAGÉE À CONTINUER, À ALLER DE L'AVANT : « MA CHÉRIE, TU AS TROP SOUFFERT POUR ARRÊTER MAINTENANT. TIENS BON, LE PLUS DUR EST FAIT ! » CETTE MAMAN EN OR M'A AUSSI INCULQUÉ SA PHILOSOPHIE DE LA VIE : « LE PLUS BEAU RESTE À VENIR. » ICI - À L'ÉPOQUE, ELLE PORTAIT LES CHEVEUX LONGS - NOUS FEUILLETONS NOTRE ALBUM DE FAMILLE EN ACTIONNANT LA MACHINE À REMONTER LE TEMPS.

ROLAND-GARROS 1991 : POUR MA DEUXIÈME PARTICIPATION AU « FRENCH », JE M'INCLINERAI EN 1/16E DE FINALE DEVANT GABRIELLA SABATINI. ICI, JE CHERCHE À « CALMER LA BÊTE » : « DÉCONTRACTE-TOI ! AMUSE-TOI ! PRENDS DU PLAISIR À JOUER ! »

Après un coup gagnant, un moment de bonheur pur et le visage qui s'illumine d'un sourire. C'est ça les matches de Grand Chelem : une succession d'émotions intenses qui vous font passer de l'abîme au zénith.

Avant un service, très concentrée, je prends mes marques à l'aide de ma raquette. Une habitude qui remonte à mon enfance.

ROLAND-GARROS 1991 : POUR LA PREMIÈRE FOIS DE MA VIE, JE VIENS DE JOUER SUR LE LÉGENDAIRE « CENTRAL », UN MOMENT INOUBLIABLE. À L'ÉPOQUE, JE NE SUIS PAS TRÈS CONNUE MAIS, DÉJÀ, MES PREMIERS FANS ME DEMANDENT DE SIGNER DES AUTOGRAPHES.

QU'EST-CE QU'ELLES ONT DE SI SPÉCIAL, MES JAMBES ? MOI, JE LES TROUVE « NORMALES » MAIS RÉCEMMENT, LORS D'UNE SÉANCE DE PHOTOS POUR *VOGUE*, LE PHOTOGRAPHE HELMUT NEWTON M'A DIT : « MARY, TU AS LES PLUS BELLES JAMBES DU MONDE ! » VENANT D'UN MAÎTRE COMME NEWTON, CE COMPLIMENT FAIT CHAUD AU CŒUR.

Nous sommes revenus une énième fois en Floride. Nous habitons à Key Biscayne. En moins d'un an, mon corps s'est transformé. J'ai beaucoup grandi - je dépasse maintenant mon père - et la musculation me donne une silhouette d'athlète. Physiquement, tout va bien : je me sens puissante, infatigable. Moralement, c'est une autre histoire. Je suis devenue le pivot d'une famille qui, depuis des années, a changé sa vie pour vivre à mon rythme. Bien évidemment, je me sens responsable, tout en étant incertaine de mon avenir.

La passion du tennis ne me dévore pas encore et je ne sais pas si je vais consacrer à ce sport - qui a dévoré mon enfance - les plus belles années de ma vie.

Pourtant, je joue maintenant à temps complet sur le circuit professionnel. Inlassablement, mon père continue de m'entraîner, de me trouver des sparring-partners. Il ne tolère que les « renvoyeurs » de balles.

JE VIENS DE GAGNER LE TOURNOI DE KEY BISCAYNE. MON PÈRE EST ENCORE PLUS HEUREUX QUE MOI. ME VOIR VAINCRE ÉTAIT DEVENU SON OBSESSION. VOUS AVEZ REMARQUÉ LA GROSSEUR DES MUSCLES DE SES BRAS ?

U.S. OPEN 1991 : UNE FIN DE REVERS TRÈS APPLIQUÉ.
JE CROIS QUE, CE JOUR-LÀ, MON ADVERSAIRE ÉTAIT M. MALEEVA.

FIN DE COUP DROIT - PENDANT L'U.S. OPEN 1991 - DONNÉ AVEC TOUTE MON ÉNERGIE. J'AI TOUJOURS FRAPPÉ TRÈS FORT, PRESQUE AUSSI FORT QU'UN HOMME, D'APRÈS MES ENTRAÎNEURS. SOUS LA « CHEMISE AUX OISEAUX », LA JUPETTE VOLE ET SUIT LE MOUVEMENT DU CORPS.

Dès qu'un joueur un peu doué commence à me donner des conseils, je ne le revois plus.

J'en ai rencontré des « gens de tennis » géniaux, de Nick Bollettieri - qui m'a toujours ouvert les portes de son Académie - à Sven Groneveld, trois ans avant qu'il devienne mon entraîneur attitré. Mais ils ne plaisaient pas à Jim...

JE LAISSE EXPLOSER MA JOIE : EN 1/16E DE FINALE DE L'U.S. OPEN 1992, JE VIENS DE BATTRE L'AMÉRICAINE LORI MCNEIL.

Je me suis accrochée. Pendant deux années, j'ai mené la vie des joueurs du circuit professionnel, basée en

L'U.S. OPEN, UN AN PLUS TARD : PROTÉGÉE DU SOLEIL DÉVASTATEUR PAR UN PARAPLUIE, JE RÉCUPÈRE ET ÉPONGE MA SUEUR AVANT DE REPARTIR « FAIRE LA GUERRE ».

ellesse

J'AIME BIEN CETTE IMAGE PRISE EN 1992 PENDANT LE TOURNOI DE KEY BISCAYNE. JE VIENS DE FÊTER MES DIX-SEPT ANS ET JE COMMENCE À ME SENTIR BIEN DANS MA PEAU DE « FORÇAT » DU TENNIS. SOUS LE SOLEIL DE LA FLORIDE QUE J'AIME TANT, J'ÉCOUTE UNE CASSETTE DE PRINCE QUI, AVEC ELTON JOHN ET ROD STEWART, EST L'UN DE MES CHANTEURS FAVORIS.

Floride, toujours entre deux avions, deux chambres d'hôtel. Mes parents étaient toujours présents.

Avant chaque match, maman me tressait toujours les cheveux.

En 1991, à Roland-Garros, je m'incline en 1/16e de finale contre Gabriella Sabatini. Même punition avec Maleeva lors de l'U.S. Open.

La grande joie de la saison 91 reste cette victoire du tournoi de

UN DES MULTIPLES VISAGES DU RÊVE AMÉRICAIN : À MIAMI BEACH, DANS MON VIEUX BLOUSON EN JEAN, ASSISE SUR UNE CADILLAC ROUGE, JE PENSE À MA VIE DE NOMADE. UNE VIE QUE J'AI CHOISIE ET QUI RESSEMBLE À UN « ROAD-MOVIE ».

Une étape importante de ma jeune carrière professionnelle : je porte les couleurs de l'équipe de France de tennis. J'ai d'ailleurs gardé ce blouson « officiel », un « Teddy » qui symbolise pour moi l'année 92.

Une balade en roller-skate avec mon frère David à Key Biscayne en 1992. Étudiant, David est un surdoué du tennis qui s'entraîne régulièrement à la fameuse Academy de Nick Bollettieri. David et moi avons toujours été très proches. Lui aussi m'a beaucoup aidée. Je ne pouvais rêver d'un meilleur frère.

Palerme où je gagne la finale contre l'Italienne Sandra Cecchini. C'est incroyable comme le simple fait de monter sur un podium, de brandir une coupe sous les applaudissements peut donner un coup de fouet psychique à une joueuse qui doute.

Le plus grand changement de 1992 se fait au niveau du « look ». À dix-sept ans, je n'ai plus de lunettes. Je prends enfin de l'assurance et mes résultats s'en ressentent. Je gagne un tour à Roland-Garros, arrivant en 1/8e de finale face à Jennifer Capriati.

Score identique durant l'U.S. Open dominé par Marie-Jo Fernandez.

Repos « studieux » à Fort Lauderdale, en Floride. Dès que j'ai un moment de libre, j'en profite pour me consacrer à mes études en dévorant les livres d'histoire ou de philosophie. Mais mon grand plaisir, c'est de feuilleter des magazines de mode comme *Vogue*, *Elle*, *Vanity Fair* ...

J'ADORE LA NATATION, C'EST UN SPORT TRÈS COMPLET QUI SCULPTE LE CORPS. CHAQUE JOUR, EN PISCINE - COMME ICI À FORT LAUDERDALE - JE FAIS DE NOMBREUSES « LONGUEURS ». L'EAU EST UN ÉLÉMENT QUI ME RÉGÉNÈRE ET DANS LEQUEL JE ME SENS PARFAITEMENT À L'AISE.

JE SUIS UNE ENFANT DE LA MER. POUR MOI, LA FLORIDE EST L'UN DES PARADIS DU SPORT. JE PEUX M'ENTRAÎNER TOUTE L'ANNÉE ET PRATIQUER AUSSI LA PLANCHE À VOILE. JE NE SUIS PAS UNE CHAMPIONNE DE FUNBOARD COMME JENNA DE ROSNAY OU NATHALIE SIMON ET, CE JOUR-LÀ, À KEY BISCAYNE, IL A FALLU QUE JE « M'ACCROCHE...» (PAGES SUIVANTES)

Depuis que j'ai commencé le tennis, à dix ans, je me suis entraînée quotidiennement en salle. Je travaille tous les muscles de mon corps : bras, épaules, abdominaux, jambes. Je me souviens de cette séance de musculation : c'était au début du printemps 1992 à Key Biscayne dans une antique et typique salle du bord de mer.

Entre les tournois, chez moi à Key Biscayne, je pressens confusément que si je veux durer et progresser dans ce sport, devenir une véritable championne, il va falloir que je fasse des choix cruciaux radicaux. Mes craintes, je les dissimule derrière des kilomètres de footing,

Je me suis imposé une discipline d'enfer et j'aime ça. Transpirer et « souffrir » en levant de la fonte font partie de mon programme et, après chaque séance, je sens mon corps se purifier.

Entraînement en plein air à Key Biscayne. Sous le soleil de Floride, je travaille mes dorsaux. Sur les courts, ma puissance physique me calme, me rassure et me fait donc mieux jouer.

des dizaines de kilos de fonte, des milliers de coups droits ou par de rares balades à Miami Beach avec mon frère David.

Je sais qu'un jour (très) prochain, il faudra affronter la vérité et prendre ma vie en main... ou changer de route.

TRÈS SOUVENT, LES EXPRESSIONS CORPORELLES CORRESPONDENT À UN ÉTAT D'ESPRIT. J'AIME BIEN ME VOIR COMME ÇA, LES MAINS SUR LES HANCHES, SOURIANTE, HEUREUSE, DÉCONTRACTÉE. CE JOUR DE L'U.S. OPEN 92, J'AI BIEN JOUÉ PARCE QUE J'ÉTAIS « LIBÉRÉE ».

PALERME : JE BRANDIS LE TROPHÉE DU VAINQUEUR. JE VIENS DE GAGNER EN FINALE CONTRE L'ITALIENNE SANDRA CECCHINI.

LA DÉCHIRURE

« J'arrête le tennis ou je continue ? » La question est d'importance. Mais d'abord une analyse précise de la situation s'impose. J'ai dix-huit ans. Côté court, sans avoir réellement le « feu sacré » - mais à force de travail, de discipline et d'abnégation - je me suis classée en 1992 au 26e rang mondial. Le constat est simple : « Tu peux beaucoup mieux faire ! »

Côté jardin, ma réflexion est tout aussi rapide et impartiale : « Le tennis a dévoré ta jeunesse. Ou plutôt : tu as laissé le tennis dévorer ta jeunesse... Tu n'as jamais quitté tes parents, ne serait-ce que pour un week-end... Tu subis toujours la pression et les entraînements que ton père t'impose alors que tu sais pertinemment qu'il faut passer à la vitesse supérieure... Tu arrêtes le tennis ou tu continues ? Tu régresses ou tu progresses ? Tu prends ton destin en main ou tu te laisses manger ? »

Rien n'est simple. Jusqu'à présent j'avais réussi à concilier, tant bien que mal, ma vie professionnelle et cet univers familial si particulier.

Aujourd'hui, l'époque de la « cohabitation » est révolue. Devant moi, la route est encore longue avant de poser mes tennis dans le « top five », ce club très privé dont je veux absolument faire partie dans les plus brefs délais.

Roland-Garros 1992 : je me motive à ma manière en regardant mon index tendu qui, dans ma symbolique, signifie : « Un point, un seul point et j'ai gagné ! »

Pas très contente, Mary ! Là, je dois discuter avec force un point litigieux .

C'est fini. Jennifer Capriati vient de briser mes espoirs en 8e de finale à Roland-Garros. La tête dans les mains, je laisse voir ma détresse. Ma mère Yannick me dira après le match : « Ce n'est pas grave, tu progresses chaque année ! »

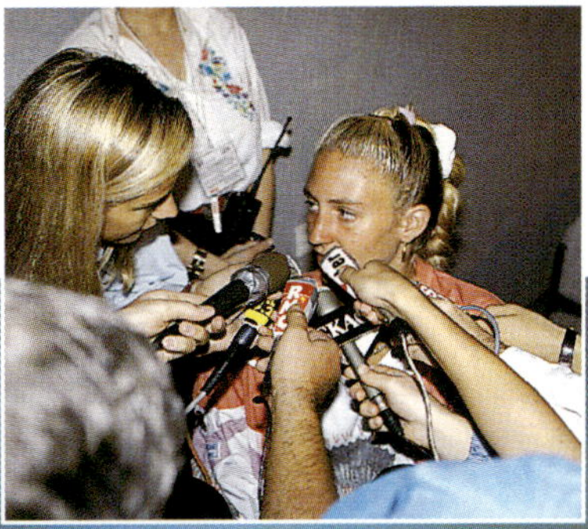

Tout au long de l'hiver et de l'été 1992, je sillonne la planète tennis, alternant les défaites et les victoires (ci-contre). Parfois, l'émotion me submerge, comme pendant le tournoi de Cessena en Italie où je gagne contre Cathy Tanvier.

Derrière moi, la relève est prête, faite de jeunes prodiges de quatorze à seize ans qui bousculent déjà tout sur leur passage.

Je suis cernée. Je dois bouger, réagir. Prendre des risques. Me donner les moyens de mes ambitions. « Pour gagner une Coupe de l'America, il faut de la passion, de la sueur et du sang sur le pont », ont l'habitude de dire les marins. Passion, le mot clé est lâché. Cette passion du tennis, elle existe, mais je la cache au fond de moi...

Deux années seulement séparent ces deux photos d'amour et de complicité absolue. Ici, ma mère Yannick - les cheveux courts - et moi admirant les œuvres des peintres de Montmartre en 1994...

... Alors qu'en 1992, nous nous promenions enlacées dans la campagne française. Aujourd'hui, je viens de réaliser mon plus grand rêve : j'ai acheté une maison sur la plage de Bradenton où j'habite avec ceux que j'aime, ma mère et mon frère.

Septembre 93 est une date charnière capitale dans ma vie et dans ma carrière de joueuse. Battue par Jennifer Capriati en 1/8e de finale à Roland-Garros, éliminée de l'U.S. Open par Steffi Graf, également en 1/8e de finale - je n'ai gagné qu'un seul jeu lors de ce match - je me remets totalement en question. Devant me faire extraire plusieurs dents de sagesse à Bradenton, en Floride, j'en profite pour prendre deux semaines de vacances chez ma meilleure amie qui travaille à l'Académie de tennis de Nick Bollettieri. Ma mère me laisse partir à regret. En dix-neuf ans, c'est la première fois que nous nous séparons.

Après une semaine de repos, ma décision est prise : je continue le tennis, mais je dois impérativement stopper toute collaboration avec mon père. Après les dernières « manifestations » intempestives à Roland-Garros, la vie est devenue un enfer pour toute la famille. C'est trop. Je n'en peux plus. Ma mère et mon frère sont stressés. Il faut rompre les amarres.

Ce n'est pas facile, mais il en va du bonheur des miens, de mon équilibre et de ma réussite. Mais je tiens à mettre les choses au point : mon père est un homme foncièrement généreux qui m'a toujours aimée, mais qui n'a pas su se retirer à temps de ma carrière pour passer la main à de véritables professionnels. Le seul rêve de sa vie, c'était que je devienne numéro 1 mondial.

J'étais libérée d'un poids énorme, certes, mais très triste. Je venais de vivre une déchirure intense en faisant mon premier grand choix d'adulte.

Un soir, Nick Bollettieri m'a téléphoné pour m'inviter à dîner :

- Les portes de mon Académie te sont grandes ouvertes, mais je m'occupe aujourd'hui de Boris Becker. Voilà ce que je te propose : je mets à ta disposition un préparateur physique et tu t'entraînes chez moi.

J'ai accepté et, au fil des mois, ma carrière a pris une nouvelle direction. À New York, au mois de novembre,

ROLAND-GARROS 1993. J'AI DIX-HUIT ANS, PLUS DE LUNETTES NI D'APPAREIL DENTAIRE. HYPER-CONCENTRÉE, JE SAISIS LA BALLE QUE ME LANCE LE « RATTRAPEUR ».

POUR LA DEUXIEME FOIS DE MA CARRIÈRE, JE JOUE SUR LE CENTRAL DE ROLAND-GARROS. ESSAI DE REVERS (CI-CONTRE), COUP DROIT (EN HAUT) ET COUP DE PIED DANS LA BALLE (CI-DESSUS) : JENNIFER CAPRIATI VIENT DE ME BATTRE EN 1/4 DE FINALE, MAIS JE SENS CONFUSÉMENT QUE LA « FORCE » EST AVEC MOI.

Toujours à Roland-Garros en 93. Sur un point litigieux, le visage incrédule, j'interroge le juge-arbitre du regard (ci-dessus). Comme il maintient sa décision, je me déplace et viens discuter avec lui, expliquant mon point de vue. Rien n'y fera. Au moins, j'aurai essayé. J'étais de bonne foi, mais il faut se plier aux décisions suprêmes.

pendant les Masters, en pleine mutation, j'ai battu Navratilova et Sabatini. C'était la première fois que je « sortais » des joueuses classées au top ten. Un bon signe ?

Ce n'est qu'au tout début de l'année 94 que le schéma définitif a fonctionné à plein rendement. Trois personnes sont à l'origine de cette métamorphose.

Nick Bollettieri joue l'un des rôles principaux. Un jour, il m'a envoyé une lettre de cinq pages qui m'a assommée et fait pleurer.

Dans ce « rapport », il dressait la liste complète de ce qu'il me reprochait, de l'entraînement à la manière de m'alimenter, sans oublier quelques « sorties » de trop et, aussi, un manque de motivation et certaines attitudes négatives sur les courts. J'étais K.-O. debout. Ça m'a fait mal, mais j'ai aussi

MA TRANSFORMATION PASSE PAR NICK BOLLETTIERI, LE SORCIER DU TENNIS DE BRADENTON - JE LE CONNAIS DEPUIS DE NOMBREUSES ANNÉES - QUI A SU ME MOTIVER, ME DONNER CONFIANCE ET ME FAIRE PASSER À UN NIVEAU SUPÉRIEUR.

Calme, concentrée, la France sur le front, j'attends le service de Steffi Graf pendant l'U.S. Open 93. Cette année 1993 va être décisive pour moi : je vais m'isoler, faire le point et prendre les grandes décisions nécessaires pour entamer une « autre » vie et une nouvelle carrière.

Malgré ma détermination, Steffi Graf va me battre en 1/4 de finale de l'U.S. Open. Rien à dire, Steffi a été meilleure que moi. Demain est un autre jour...

réalisé qu'il avait raison. Si je voulais devenir championne, il fallait en passer par là ; la fameuse méthode « toujours plus » : « plus » de travail, « plus » d'entraînement physique, « plus » d'esprit positif, « plus » de motivation. O.K., Monsieur Plus, je suis d'accord !

Même pour me priver de mon dessert préféré, le tiramisu, ce gâteau italien qui est mon péché mignon.

Cette mise au point avec Nick - que je surnomme le Grand Motivateur - m'a fait énormément de bien. Dans une discussion de fond, Bollettieri est un démon. Chacun de ses arguments fait mouche et il frappe là où ça fait mal. C'est vrai que j'avais tendance à me laisser aller, succombant un peu trop facilement à l'attrait des sucreries ou de soirées tardives avec des amis. Il est aussi exact que l'intensité, le rythme et le sérieux de mes entraînements laissaient à désirer. En « clair », le message de Nick était le suivant : « Tu as le potentiel pour t'imposer sur n'importe quel tournoi du Grand Chelem et tu peux même devenir la meilleure joueuse du monde si tu fais des sacrifices. Mais il faut les faire maintenant et pendant une durée minimum de trois ans. Aujourd'hui, ta priorité des priorités c'est le tennis. Le reste, tu auras toute ta vie pour t'y consacrer... »

À EURODISNEY, JE RETROUVE MON ÂME D'ENFANT. ASSISE SUR L'UNE DES FENÊTRES DU CHÂTEAU DE LA BELLE AU BOIS DORMANT, JE N'ATTENDS PAS MON PRINCE CHARMANT, MAIS JE RÊVE D'UNE VICTOIRE À ROLAND-GARROS. AU FIL DES ANNÉES, JE ME SENS DE MIEUX EN MIEUX EN FRANCE, CE PAYS POUR LEQUEL JE JOUE. PATIENCE...

PARIS EST UNE FÊTE ET EURODISNEY UN DÉLIRE PERMANENT OÙ J'OUBLIE TOUTES LES PRESSIONS ET LES PROBLÈMES. PENDANT UNE JOURNÉE ENTIÈRE, JE M'AMUSE COMME UNE FOLLE, PASSANT DU TRAIN FANTÔME AUX SOUTERRAINS VERTIGINEUX DE LA VIEILLE MINE DE L'OUEST.

Parfois, j'ai l'impression d'habiter dans les avions. Retour à New York en 1993 à l'occasion des Masters. Dans ma suite d'hôtel, deux images radicalement opposées : le matin au petit-déjeuner, fraîche et en pleine forme (ci-contre), et le soir, affalée sur mon lit, ivre de fatigue.

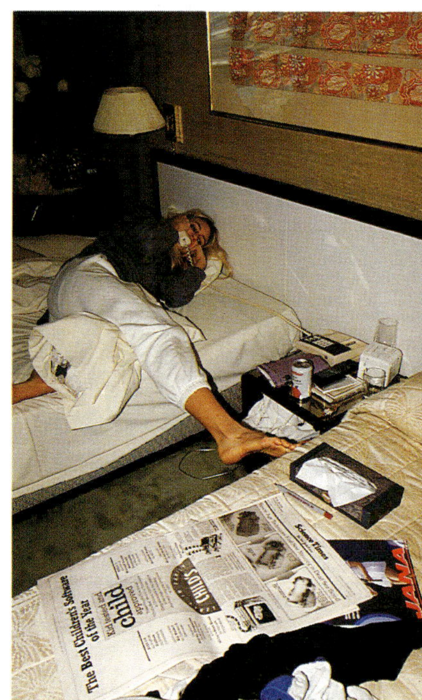

Une petite entorse à mon régime en « craquant » pour un hot-dog devant le légendaire Madison Square Garden.

PRETZEL
1.00
HOT DOG
KNISH
Beef Franks

SÉQUENCE « ÉQUIPÉE SAUVAGE » AVEC MES AMIS, LES FRÈRES JENSEN, CHEZ LE CONCESSIONNAIRE HARLEY DAVIDSON, À QUELQUES KILOMÈTRES DE L'AÉROPORT DE SARASOTA-BRADENTON, EN FLORIDE.

Je n'ai pas le droit d'avoir « deux vies ». Seul le tennis compte. Plus jeune, lorsque l'entraînement de mon père devenait pénible, je m'isolais tout en continuant de pratiquer. Ma méthode était simple. Je jouais en « roue libre »... ailleurs. Finies les évasions. Le régime du « toujours plus » s'accompagne obligatoirement et logiquement d'une multitude de « moins » : « moins » de plage, « moins » de ballades en Harley-Davidson avec mes amis les incroyables frères Jensen, « moins » de cinéma et de télévision, « moins » de mode et de shopping...

New York, Madison Avenue : ici, trouver un taxi libre est presque une mission impossible. Qu'importe, la journée est sublime et « Big Apple » reste, avec Paris, la ville que je préfère.

Séance obligatoire de travail dans un des « condominiums » de l'Académie de tennis de Nick Bollettieri à Bradenton.

3'6"

Fin septembre 1993, après une remise en question et quinze jours de vacances chez ma meilleure amie, je décide de continuer le tennis et choisis Nick Bollettieri comme entraîneur. C'est désormais dans l'incontournable Académie de tennis que je vais travailler dur et différemment pour corriger mes défauts et essayer de faire partie des trois meilleures joueuses mondiales...

... mais ne croyez pas que l'univers Bollettieri se résume à la piscine. Quand on rentre à l'Académie, c'est pour travailler, progresser, se transformer et devenir une formidable machine à gagner.

Des « explications », j'en aurai plusieurs avec Nick Bollettieri. Sa grande qualité c'est l'ouverture. Il accepte le dialogue même si parfois le ton monte et que l'ambiance devient « chaude ». Je ne suis pas du genre à laisser passer une remarque injustifiée. Il n'est pas de la race des flatteurs et des « béni-oui-oui ».

Au moins , avec lui, tout est clair. Chaque zone d'ombre est dissipée, disséquée. L'entraînement peut reprendre, plus intensif que jamais.

Le deuxième acteur du renouveau s'appelle José Rincon. Ce Colombien à la carrure impressionnante était directeur de la salle de musculation et de fitness de l'Académie Bollettieri. Je l'ai engagé comme préparateur physique. Sa mission : m'affûter aux limites du possible et me suivre comme mon ombre sur tous les tournois du circuit. Le troisième homme clef de ma renaissance est une « vieille » connaissance puisqu'il s'agit du Hollandais Sven Groneveld qui m'avait déjà entraînée pendant quelques semaines pour Roland-Garros 92, avant que mon père ne le remercie.

Sven savait que je travaillais avec Nick Bollettieri et il a exigé - avant d'accepter la proposition de mon agent, Gavin Forbes - de travailler exclusivement pour moi. J'étais d'accord. Bollettieri aussi. Et me voilà encadrée par deux coaches - un pour le mental et la stratégie, l'autre pour l'entraînement pur - et d'un préparateur physique. Sans oublier le quatrième mousquetaire de cette association : Lynn Scholtz.

Lynn, mon professeur d'aérobic tennistique, c'est du vif-argent. Chaque matin, pendant une heure, devant un miroir, elle me réapprend à bouger, à me servir de mes jambes, à devenir plus rapide et plus performante en faisant des petites foulées. Mais aujourd'hui, José Rincon s'occupe de plus en plus de ma vitesse. En se moquant gentiment de moi, il me dit : « Mary, tu fais de grandes enjambées parce que tu as de grands pieds. Oublie-les ! Avec ta longueur de jambes et ta détente, tu dois être capable de démarrages fulgurants. »

Pendant des années, j'avais cru que j'étais la joueuse qui travaillait le plus dur au monde. Je me trompais. Mais là, au moins, je partais dans la bonne direction.

J'avais réussi à vaincre mon passé. Il me fallait maintenant bâtir mon

À L'ACADÉMIE, JE ME REPOSE ENTRE DEUX SÉANCES D'ENTRAÎNEMENT (À GAUCHE)
ET DISCUTE AVEC RAUL ORDONNEZ, MON ANCIEN PRÉPARATEUR PHYSIQUE.

Assise à l'ombre, sur un court, à l'Académie, j'écoute les conseils de Nick Bollettieri. Je croyais travailler énormément. Il m'a prouvé que je pouvais encore faire plus pour passer du stade de bonne joueuse à celui de championne.

avenir, ma deuxième vie. Tout passe par le mental et Nick Bollettieri est un magicien de l'esprit. Les plus grands champions sont passés dans son académie : Krickstein, Arias, Agassi, Courier et, aujourd'hui, Becker. C'est encore lui qui a formé Seles et la jeune prodige de quatorze ans, Majoli, qui a terminé en huitième de finale l'an dernier à Roland-Garros.

Nick a très vite compris mes problèmes : la hantise de perdre un point ou un set, ce côté « capable du meilleur et du pire ». Il me dit que je fais partie de la race des Agassi, de ces joueuses qui sont nées pour gagner mais qui ne le comprennent pas tout de suite. Il me stimule.

Sven, lui, m'a redonné le goût de m'amuser en compétition, de prendre un réel plaisir à réussir de beaux coups. Ce qui est épatant avec lui, c'est qu'il connaît tous les petits secrets et les défauts des « concurrentes ». Je peux aussi varier mon jeu « à la carte ».

À l'Académie, tout est programmé. Je me lève à 7 heures, commence les échauffements et les étirements à 8 heures et demie. De 9 à 11 heures, je m'entraîne sur le court avant de « faire travailler les jambes » pendant quarante-cinq minutes. Pendant la pause déjeuner, je m'alimente toujours de la même manière : salade, pâtes et fruits - sans pain, le tout arrosé de... beaucoup d'eau.

L'après-midi, je recommence par deux heures d'entraînement sur le court et je termine par deux autres heures de musculation et de culture physique. Avant un dîner composé de blanc de poulet ou de poisson grillé accompagné de légumes, je vais nager pendant une demi-heure.

Depuis que je travaille avec mon trio infernal, j'ai oublié le goût des hamburgers industriels, des hot-dogs à la chaîne ou des pizzas de carton-pâte. Quant au Coca-Cola…

Extinction des feux à 10 heures. Merci M. Bollettieri. Heureusement qu'il me reste la musique.

À L'ACADÉMIE AVEC LYNN SCHOLTZ, JE CORRIGE QUOTIDIENNEMENT MON JEU DE JAMBES EN FAISANT DEVANT UNE GLACE DE L'AÉROBIC TENNISTIQUE ET PASSE ENSUITE À LA SALLE DE GYMNASTIQUE POUR MES EXERCICES DE MUSCULATION.

Ma « musique de guerre », c'est la techno. Je l'écoute à fond pendant les exercices de jeux de jambes. Elle m'aide à bouger dans le rythme. Je l'écoute encore dans les vestiaires et même sur le court avant chaque match.

Chaque joueuse garde jalousement un secret. Le mien, je vous le donne, c'est la techno et tant pis si les puristes du rock'n'roll - que j'adore - et les intégristes du rap - que j'aime bien - crient au sacrilège. Croyez-moi, la techno, c'est de l'énergie pure, indétectable au contrôle anti-dopage.

Vous connaissez le test de l'araignée ? C'est une méthode d'entraînement diabolique qui consiste à envoyer, à toute vitesse, à une joueuse - moi en l'occurrence - cinq balles dans différents endroits du court. La règle de ce jeu pervers est simple : il suffit de renvoyer toutes les balles dans un minimum de temps. Amusant, non ? Voilà quelques mois, j'arrivais à bout de l'araignée en 20 secondes.

AVEC NICK BOLLETTIERI À BRADENTON. A UNE ÉPOQUE OÙ JE M'ÉTAIS ÉCARTÉE DE MES « OBJECTIFS », NICK M'A ÉCRIT UNE LETTRE DE CINQ PAGES. EN LA LISANT, J'AI PLEURÉ. IL AVAIT RAISON, IL FALLAIT QUE JE ME RESSAISISSE. NICK N'EST PAS SIMPLEMENT UN SORCIER DU TENNIS, C'EST AVANT TOUT UN SORCIER DE L'ÂME ET DU PERFECTIONNISME (EN BAS À GAUCHE).

DÉBUT 94, À MELBOURNE. APRÈS MON MATCH DE 1/4 DE FINALE CONTRE GABRIELLA SABATINI, JE VAIS SIGNER DES CENTAINES D'AUTOGRAPHES SUR DES PROGRAMMES, DES MAGAZINES ET MÊME SUR DES BRAS OU DES MAINS.

C'est pendant l'Australian Open de Melbourne que j'ai porté pour la première fois la fameuse robe « tennis » de Nike, avec un bandana à pois noué autour du front. Un nouveau mental, un nouveau style et un nouveau look !

Avant, dès que je perdais un point, j'avais l'impression que le monde s'écroulait.
À Melbourne, j'ai commencé à me raisonner, à voir plus loin, à prendre du plaisir à jouer.

Aujourd'hui grâce à mon trio de « tortionnaires » j'ai gagné 3 secondes. Mais je ne suis pas pour autant « sortie de l'auberge ». Nick, Sven et José pensent que je ne suis encore qu'à 80% de mon potentiel... Recommencer les mêmes gestes, encore et toujours... en intensifiant les périodes d'entraînement. À l'Académy du tennis, je ne suis pas le régime draconien des pensionnaires qui se lèvent à 6 heures du matin et se couchent à 21 heures complètement lessivés, mais je me souviens d'une certaine période de cinq semaines où je suis allée au bout de moi-même. Pendant plus d'un mois j'ai couru pendant une heure tous les matins sur la plage contre le vent. Ensuite je passais quotidiennement, au minimum, six heures sur le terrain. Puis direction la salle de musculation, travaillant mon physique comme jamais. Dans les moments les plus difficiles, je pensais à ce slogan choc des champions hawaïens du super-triathlon (natation, marathon et vélo) : « Seuls les plus forts survivent ».

AVEC MON JEU DE JAMBES, MON SERVICE EST MON PLUS GRAND DÉFAUT. AU FIL DES SEMAINES, NICK BOLLETTIERI M'A FAIT PROGRESSER ET, À MELBOURNE, JE ME SUIS APERÇUE QUE CE TRAVAIL COMMENÇAIT À PAYER. APPRENDRE À CORRIGER SES MAUVAISES HABITUDES EST LE PLUS RADICAL DES CHALLENGES.

LE ROI ÉTERNELLEMENT BRONZÉ DANS SON DOMAINE : NICK BOLLETTIERI, LE MAÎTRE À PENSER ET À JOUER DE L'ACADÉMIE DE TENNIS. CET HOMME EST CAPABLE DE VOUS FAIRE JOUER MILLE FOIS DE SUITE LE MÊME COUP POUR QUE LA PERFECTION SOIT ATTEINTE. IL EST AUSSI CAPABLE DE VOUS PARLER PENDANT DES HEURES SANS S'ARRÊTER POUR VOUS MOTIVER. JE ME FÉLICITE DE L'AVOIR CHOISI.

Pendant un match
de l'Australian Open,
à Melbourne, j'essaie
de rattraper un amorti...
Il faut absolument
que je sois plus rapide.
Chaque chose en son temps...

Encore une de mes habitudes.
Chaque fois que je perds un
échange, l'air triste, je
regarde ma raquette en la
touchant : « Calme-toi, Mary,
la terre continue de tourner ! »

Mars 1994, à José Rincon, mon préparateur physique, vient s'ajouter Sven Groneveld, mon nouvel entraîneur. À deux mois de Roland-Garros, nous intensifions les entraînements, les bras et les épaules, mais également les cuisses et les mollets.

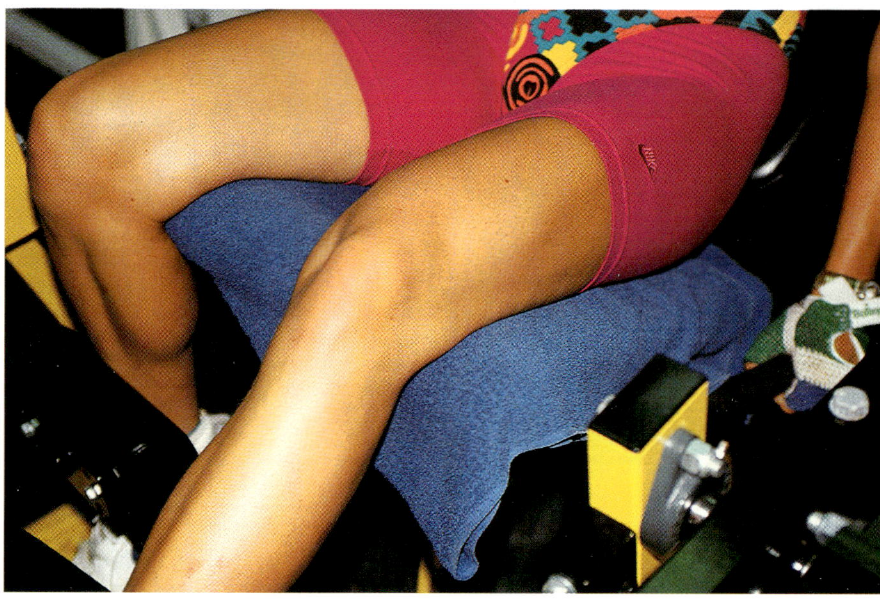

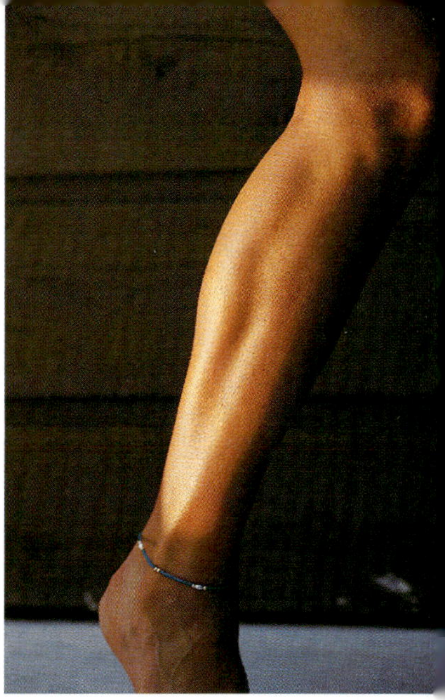

Non seulement j'ai survécu, mais à la fin de l'année 93 je me classais numéro 13 mondiale au « hit-parade » WTA des joueuses, enregistrant une progression de 13 places par rapport à l'année précédente.

Mais mon trio magique ne m'a pas appris seulement à corriger mes défauts, à mieux servir, à devenir plus rapide ou à être super-motivée. Nick, Sven et José m'ont inculqué également l'art délicat entre tous de varier mon jeu, de réagir par moments au feeling et surtout de construire un match. Rien ne sert de s'énerver sur un point perdu ou de se réjouir sur un point gagnant. L'important c'est de comprendre le « pourquoi » et le « comment ».

Le cap des $1/16^{e}$ de finale passé, toutes les joueuses sont dangereuses et capables de faire la différence en anticipant sur votre jeu qu'elles connaissent par cœur. C'est à ce moment qu'il faut surprendre en « sortant » un tennis différent. Chez Bollettieri, j'ai compris que ce sport merveilleux

En Floride, devant chez moi à Long Boat Key, le footing matinal se termine dans le bleu incomparable du golfe du Mexique.
(pages précédentes)

ressemblait aussi à un jeu d'échecs géant où savoir faire fonctionner sa tête est aussi important que la « classe » ou la forme physique. « Fais davantage de balles hautes sur ton revers », me dit souvent Nick. Sven, lui, m'apprend la modération : « Ne frappe pas comme une forcenée sur toutes les balles, ça ne sert à rien. Économise-toi quand il le faut. Tu dois toujours être capable de pouvoir jouer un set supplémentaire à plein rendement. »

Se battre contre soi-même est un challenge intéressant. Mon père - auquel Nick Bollettieri a rendu hommage - m'avait enseigné l'agressivité, la puissance et une certaine « fureur de gagner ». Il fallait désormais que je trouve le calme et la sérénité. Il fallait aussi que j'apprenne à casser la cadence et le rythme, le contraire de mon jeu normal...

Toujours à Long Boat Key. Je réalise que je pourrais difficilement vivre loin de la mer.

Vous vous souvenez de ma passion pour la musique techno ?
À Berlin et à Rome, la techno ne m'a pas été d'un grand secours : j'ai perdu au deuxième et au premier tour. Je ne comprenais plus rien. À quelques jours de Roland-Garros, alors que je m'étais entraînée comme jamais dans ma vie, tout basculait à nouveau.

Arrivé à Paris, en souriant, Sven m'a dit : « Tu te souviens, tu n'as rien à perdre. Alors, vas-y, amuse-toi. »

Roland-Garros, c'est demain...

Au fil des semaines, cette passion du tennis que j'avais certainement dû enfouir au plus profond de moi en réaction à des « situations stressantes » a ressurgi. Le véritable plaisir d'apprendre, de jouer et de gagner m'envahissait avec une puissance jusque-là insoupçonnée. J'étais « habitée », j'avais enfin le « feu sacré ».

Roland-Garros 1994. J'arrive à Paris avec une farouche détermination. Le service est toujours l'un de mes points faibles et c'est le moment où je me concentre le plus, tentant de faire le vide dans ma tête.

Encore une de mes habitudes : en préparation de service, afin de mieux me concentrer, je pose la balle sur la raquette tenue horizontalement et j'essaie de la faire tenir immobile.

LA MAGIE ROLAND-GARROS

Pour les plus grands écrivains américains, Paris a toujours été une fête. J'aime Paris de tout mon cœur et pas seulement au mois de mai... C'est pourtant en mai 1994, à Roland-Garros, que les Français m'ont offert leur cœur.

À l'époque, ma carrière était en demi-teinte. Après une semaine de vacances pour faire le point, j'alternais le meilleur et le pire.

JE CONNAIS TROP BIEN CE GESTE. QUAND JE LAISSE TOMBER LA RAQUETTE ET QUE JE LA RATTRAPE AU VOL, AU DERNIER MOMENT, CELA SIGNIFIE QUE JE VIENS DE PERDRE UN POINT.

Pour de bons matches à Houston ou Hilton Head, je touchais presque le fond à Rome ou Berlin. Et puis, il y a eu ce premier match à Roland-Garros contre Nicole Provis... La magie a tout de suite été au rendez-vous. Une communion, une osmose s'est immédiatement établie entre le public et moi. Quelque chose de très fort et d'effrayant à la fois car, avec des gens qui vous aiment autant, on n'a pas droit à l'erreur : il ne faut pas décevoir. Je retrouvais enfin ma décontraction.

Pendant deux semaines, ces milliers de spectateurs ont été derrière moi, me portant, me soutenant, me donnant une confiance absolue, me faisant « sortir » un tennis dévastateur et battre pour la première fois Steffi Graf en demi-finale. En entendant les applaudissements et les encouragements - « Marie ! Marie ! Marie ! prononcée à la française - quand je suis rentrée sur le court - avant même d'avoir échangé une

Ici, en revanche, la tête en arrière, le regard fixé sur le ciel - très à l'aise dans la robe Nike qui a fait craquer Roland-Garros - je remercie mon bon génie de m'avoir fait gagner un jeu.

LE REGARD QUE JE JETTE ICI AU JUGE DE LIGNE EST ÉLOQUENT : « MONSIEUR, IL Y A LITIGE SUR CETTE BALLE ! » CETTE ANNÉE-LÀ, À ROLAND-GARROS, JE N'AI RIEN LAISSÉ PASSER.

La main levée, je remercie le public parisien de l'accueil qu'il me réserve chaque fois que je rentre sur un court. La présentation du match de demi-finale contre Steffi Graf. C'est la première fois que je vais aussi loin dans le tournoi à Roland-Garros. Ce jour-là, avant d'affronter la numéro 1 mondiale, je me sens détendue, sécurisée par ce merveilleux public.

Le rêve parisien vu à la manière américaine : un pick-up Truck de 1957 chargé de la tête de la statue de la Liberté. Difficile de passer inaperçue dans les rues de la capitale avec un tel véhicule.

Aujourd'hui, je visite Paris sous le soleil du mois de mai. Montmartre et son Sacré-Cœur ont ma préférence au hit-parade des monuments et des quartiers dans cette ville qui, au fil des années, devient un peu la mienne.

seule balle avec la numéro 1 mondiale - j'ai su que le public avait choisi sa joueuse. C'était moi. Moi, la jeune femme aux trois passeports : canadien, américain et français. Même si j'ai vécu treize années en Floride et si c'est encore en Floride que je continue de m'entraîner à Bradenton, dans l'Académie de tennis de Nick Bollettieri, le « sorcier » qui est mon entraîneur, c'est pour la France que je joue. Et c'est toute la France que je défendais dans cette rencontre contre Steffi. Encore un souvenir merveilleux que je range parmi les plus belles images de l'année 94. J'ai vraiment bien joué contre Steffi. Ce jour-là, tout était au rendez-vous : le mental, la chance - bien sûr - et ce petit zeste de génie que les dieux du tennis distribuent parcimonieusement au gré de leur fantaisie.

J'ai frappé fort, longtemps, avec précision. Souvent, mes balles flirtaient avec les lignes à la grande joie du public. J'ai battu Steffi Graf en la décourageant. Un long travail de sape que les encouragements des spectateurs en fièvre ont amplifié. Oui, tout au long de cet après-midi tellement spécial, Paris m'a vraiment fait la fête. Je suis une nomade des courts, une enfant du voyage ; pour la première fois, j'avais la sensation d'appartenir à une patrie, d'avoir un pays et des racines. Le tennis professionnel est constitué de 95 % de discipline de fer, de sacrifices quotidiens et de 5 % de joie pure lors de trop rares matches d'anthologie.

Dans l'intensité des émotions

À EURODISNEY, EN COMPAGNIE DE DONALD ET DE TOUS LES JEUNES RAMASSEURS DE BALLES DE ROLAND-GARROS.

FIN D'ENTRAÎNEMENT, À L'AUBE, SOUS LE NOUVEAU PETIT CENTRAL DE ROLAND-GARROS : JE ME SENS BIEN, EN PLEINE POSSESSION DE MES MOYENS. JUSQU'À MAINTENANT, TOUT SE DÉROULE COMME PRÉVU...

Les dernières recommandations techniques et stratégiques de Nick Bollettieri avant un match : en 94 à Roland-Garros, omniprésent, Nick n'a rien laissé au hasard, sachant m'encourager et me motiver quand il le fallait.

et des sentiments, dans la reconnaissance du public, dans le déclic mental qui s'est opéré en moi - « Tout est possible » - cette demi-finale face à la meilleure mondiale restera aussi symbolique que la future victoire contre Arantxa Sanchez à Melbourne.

En cet après-midi de lumière, tout semblait irréel : le ciel, la clameur finale, le long regard baigné de larmes échangé avec ma mère Yannick. Après des années de galère, de sacrifices et de séries dignes de romans noirs, la vie virait d'un seul coup au rose.

CE FAMEUX SAMEDI DE LA FINALE CONTRE ARANTXA SANCHEZ, IL PLEUT MAIS LE MAUVAIS TEMPS N'ALTÈRE PAS MON MORAL. MALHEUREUSEMENT, LE MATCH DÉCISIF SERA REPORTÉ AU LENDEMAIN QUI RESTERA POUR MOI LE « BLACK SUNDAY ». MAIS « AVOIR DES NERFS » PENDANT LES INSTANTS CRUCIAUX FAIT AUSSI PARTIE DU DUR APPRENTISSAGE D'UNE CHAMPIONNE.

À LA GRANDE JOIE DE MON ENTRAÎNEUR PHYSIQUE, JOSÉ RINCON, J'AI ICI UNE BONNE POSITION DE COURSE EN ALLANT CHERCHER UNE BALLE SUR UN AMORTI. LE TRAVAIL EFFECTUÉ AVEC JOSÉ ET LYNN SCHOLTZ COMMENCE À PORTER SES FRUITS.

DANS LA LONGUE SÉRIE DES « MARY PIERCE ATTITUDES », CETTE PHOTO EST CELLE QUE JE PRÉFÈRE. ELLE SYMBOLISE LA CONCENTRATION ET LA RÉFLEXION. C'EST LE MOMENT OÙ TOUT PEUT BASCULER ET OÙ LA DIFFÉRENCE SE FAIT DANS LA TÊTE.

DANS LES TRIBUNES, QUATRE DE MES PLUS FIDÈLES SUPPORTERS VIBRENT POUR MOI. DE GAUCHE À DROITE : CLAIRE, UNE AMIE DE LA FAMILLE ; MA MÈRE YANNICK ; SVEN GRONEVELD, MON ENTRAÎNEUR, ET NICK BOLLETTIERI.

LE BONHEUR ET LA MALICE. EN QUART DE FINALE DE ROLAND-GARROS, JE VIENS DE BATTRE AMANDA COETZER, LA JOUEUSE SUD-AFRICAINE.

Je me sentais belle, jeune, heureuse et pleine d'une puissance dévastatrice.

La finale contre Arantxa Sanchez est à classer dans un autre registre. Une finale en deux temps commencée le samedi, arrêtée par la pluie, et reprise le dimanche. Rien de pire pour les nerfs. J'ai mal dormi le samedi soir. À Versailles, dans la suite de mon hôtel, je tournais en rond. Je me posais plein de questions : « Si je gagne, qu'est-ce que je vais dire à tous ces gens ? Comment vais-je me comporter ? » Des trucs stupides et futiles me minaient.

Le lendemain, je suis rentrée trop nerveuse sur le central où le public, lui, était toujours le même : formidable et fidèle. Face à Arantxa, en

Le bonheur simple de prendre plaisir à jouer et à s'amuser même pendant un match capital est l'un des secrets de la victoire.

Avant le service de balle de match contre Steffi Graf en demi-finale de Roland-Garros : « Ô my God ! Tu n'as pas le droit de le rater celui-là ! » J'ai gagné contre la numéro 1 mondiale. Les yeux fermés, je lève les bras au ciel, ivre de joie, alors que les spectateurs en délire hurlent mon prénom à la française : « Marie ! Marie ! Marie ! » Le plus beau souvenir de 1994.

PHI
S DO

finale du Tournoi, j'ai montré mes limites et j'ai compris beaucoup de choses. La championne espagnole a gagné parce que, ce jour-là, elle a joué mieux que moi mais, surtout, parce qu'elle avait en face d'elle une Mary Pierce trop tendue. Je sais maintenant que je suis capable de battre les meilleures. Je sais aussi que lorsque je m'amuse, lorsque je suis décontractée, je joue beaucoup mieux. Je me sens heureuse et cela me donne encore plus envie de me battre.

LES MATCHES SE SUIVENT ET NE SE RESSEMBLENT PAS. CHACUN AMÈNE SON CORTÈGE D'ÉMOTIONS, D'ESPOIRS BRISÉS OU DE RÊVES RÉALISÉS. AU POING BRANDI DE LA VICTOIRE CONTRE STEFFI GRAF...

... SUCCÈDE L'ACCOLADE DE LA DÉFAITE. UN DIMANCHE PAS COMME LES AUTRES, J'AI PERDU EN FINALE DE ROLAND-GARROS CONTRE LA CHAMPIONNE ESPAGNOLE ARANTXA SANCHEZ.

ROLAND GARR
PARIS 199
perrie

ROLAND GARROS
PARIS 1994
ROLAND
PARI

UNE PHOTO MERVEILLEUSE ET CRUELLE À LA FOIS. LA MESSE EST DITE. PLANTÉ DEVANT MON SIÈGE, CE JUGE DE LIGNE SEMBLE AUSSI DÉSESPÉRÉ QUE MOI... (PAGES PRÉCÉDENTES)

LA TÊTE ENFOUIE SOUS MA SERVIETTE, JE M'ISOLE. JE PENSE QUE SI LA FINALE S'ÉTAIT JOUÉE LA VEILLE, J'AURAIS PEUT-ÊTRE GAGNÉ. C'EST LA VIE...

AVANT LA REMISE DU TROPHÉE DE FINALISTE, JE CRAQUE NERVEUSEMENT EN REMERCIANT CET EXTRAORDINAIRE PUBLIC FRANÇAIS QUI M'A ADOPTÉE ET « PORTÉE » JUSQU'À LA FINALE.

Désormais, je sais aussi que je veux acheter un appartement à Paris pour y vivre au moins quatre mois par an.

La première fois que je suis venue jouer dans la Ville lumière, c'était en 1990. J'avais presque quinze ans, un appareil dentaire et des lunettes. Je parlais à peine le français et personne, ou presque, ne m'avait remarquée. Quatre années plus tard, je reçois le trophée Bourjois de la séduction remis pour la première fois à Roland-Garros et

AUX ÉTATS-UNIS, ON SURNOMME CE TROPHÉE « THE PLATE ». MÊME S'IL NE S'AGIT QUE DE LA RÉCOMPENSE DE LA SECONDE, JE SUIS FIÈRE DE BRANDIR CE PLAT D'ARGENT VERS CES MILLIERS DE SPECTATEURS QUI M'ONT ADOPTÉE. COMME AVANT DE JOUER LA FINALE, J'AI DES « BUTTERFLIES IN THE STOMACH ». « DES PAPILLONS DANS L'ESTOMAC », C'EST MA MANIÈRE À MOI DE DÉCRIRE LE TRAC, L'ANGOISSE QUI SERRE LES TRIPES.

DANS LA SUITE DE MON HÔTEL À VERSAILLES. J'AI CHOISI D'HABITER CETTE VILLE SUPERBE POUR SA TRANQUILLITÉ. CHAQUE MATIN, JE FAIS MON JOGGING DANS LE PARC DU CHÂTEAU, CE QUI RESTE UN PLAISIR EXTRAORDINAIRE.

les Français font de moi une star. La phrase dont je suis la plus fière reste celle-ci, relevée dans la presse : « Il n'y avait pas eu de Française en finale du simple dame des Internationaux de France depuis que Françoise Durr avait gagné en 1967... »

Je suis née le 15 janvier 1975 à Montréal, au Québec, d'un père américain, Jim, et d'une mère française, Yannick, mais c'est pour la France que je me bats sur tous les courts du monde. Pour les Américains, c'est clair, je suis Mary Pierce la Française, et personne ne fait allusion à ma triple nationalité. La langue de Molière ne m'est pas encore complètement familière car, pendant treize ans, j'ai appris à parler et penser en anglais.

Aujourd'hui, tout va mieux et je maîtrise presque parfaitement la grammaire. Une nécessité puisque mon fan-club français vient de naître, créé par mon cousin germain, Fabien Follet. À vingt-six ans, Fabien, aidé par toute la famille, préside l'association. Il a même abandonné son job de vendeur pour s'occuper à plein temps du club. Le premier objectif est de rassembler et de répondre aux lettres de mes fans qui sont adressées soit à la Fédération française de tennis, soit à l'Académie Bollettieri ou encore à la société IMG. Oui, j'ai envie d'être proche de mes fans, car je connais l'importance que peut avoir une lettre ou un autographe envoyé ou donné par une « idole ».

Quand j'ai commencé à jouer au tennis, la joueuse qui m'impres-

Dans la salle de bains de mon hôtel de Versailles, j'apporte une dernière touche à mon maquillage et à ma coiffure. Paris m'a toujours donné envie d'être séduisante. Attention, ce soir, je sors.

Léger maquillage, chignon, mèches rebelles et robe de Givenchy. Ce soir, j'ai décidé de m'amuser (page de gauche).

Une soirée très parisienne commencée aux Bains Douches avec mes amies Lisa, Nathalie et Stephie (en haut) et qui se termine au Doobies, le bar de Yannick Noah, en compagnie de Sven Groneveld, de Nick Bollettieri et du très séduisant maître des lieux.

Toujours avec mes amies dans les magnifiques serres de Roland-Garros. Tout au long de ce tournoi du Grand Chelem, mes proches m'ont apporté un soutien et une aide inestimables. La « garde de fer » s'est regroupée autour de moi !

sionnait le plus, c'était Chris Evert. J'aimais son calme, son élégance. J'avais envie d'être comme elle, de dégager une même aura. Un jour, je l'ai croisée pendant un tournoi entourée d'admirateurs. Très timidement, je lui ai demandé un autographe. Elle a refusé d'un simple geste de la main. J'étais vexée, humiliée, honteuse pour elle. En revanche, quand Martina Navratilova a signé mon programme avec un gentil sourire, elle a fait de moi, sur l'instant, la fille la plus heureuse du monde. Vous comprenez maintenant ce que ce fan-club représente pour moi ? Nous allons aussi éditer un bulletin trimestriel avec des lettres, des *news*, des conseils, des adresses. Une sportive de haut niveau se doit à son public car c'est par lui et pour lui qu'elle existe. Enfin, c'est ce que je pense.

Oui, la France ressemble de plus en plus au pays où j'aimerais vivre. J'aime les Français, et la qualité de la vie, ici. Et je n'oublierai jamais l'accueil qu'ils m'ont réservé.

Pendant 3 semaines, choyée, aimée, protégée, j'ai vécu comme une princesse un rêve Made in France.

La robe, je l'ai achetée dans une boutique de South Miami Beach. Le piano était dans le salon de l'hôtel à Versailles. La photo - « façon glamour » - est de Michel Deschamp, un photographe qui a cru en moi alors que je n'avais que quatorze ans.

Pendant les Internationaux de France, ma mère Yannick découpait chaque jour les articles que la presse me consacrait. Un rituel quasi religieux. Au fil des jours et des matches, mon dossier prenait du volume. Au lendemain de la finale, mon « book » avait l'épaisseur de celui d'une star du rock'n'roll. C'est drôle, je n'aurais jamais cru qu'une « perdante » de Roland-Garros puisse susciter autant d'intérêt... ***Le Monde :*** Les deux vies de Mary Pierce. ***L'Équipe Magazine :*** Mary, du roman noir à la vie en rose. ***France Soir :*** Pierce : sa vie est un vrai roman. ***Le Parisien :*** Pour l'Amérique elle est française. Mary Pierce à la conquête de Paris. ***Gala :*** La nouvelle enfant chérie du tennis. ***VSD :*** Mary Pierce : « De Paris je ne connais encore que la Tour Eiffel et le central de Roland-Garros. »

Elle : Si la jolie joueuse de tennis franco-américaine a perdu la finale de Roland-Garros, elle a surtout gagné le cœur des Francais qui en ont fait une star. À bientôt, Miss Pierce. ***Journal du dimanche :*** Tout Roland attend le sacre de Mary. ***Paris-Match :*** Mary Pierce : « J'aimerais vivre en France. J'aime les Français et la qualité de la vie. » ***Le Point :*** Mary Pierce : la loi du père. ***Tennis Magazine :*** Mary Pierce : « Moi une star ? »

Mais ma grande fierté reste le vibrant hommage que me fera cette même presse, six mois plus tard, à l'occasion de l'Australian Open de Melbourne. ***L'Equipe :*** Mary enfin au paradis. Mary, bientôt « Wonder-Woman ».

APRÈS ROLAND-GARROS, JE PARS EN ANGLETERRE POUR DISPUTER À EASTBOURNE UN TOURNOI « D'ENTRETIEN » SUR GAZON AVANT LE RENDEZ-VOUS DE WIMBLEDON.

SUR LE GAZON D'EASTBOURNE, JE NE PARVIENS PAS À RETROUVER L'ÉTAT DE GRÂCE ET LA MAGIE DE ROLAND-GARROS.

REFRESHMENTS
ICECREAM
DOUBLES

MARY QUI PLEURE ET MARY QUI RIT. CETTE PHOTO INSOUCIANTE A ÉTÉ PRISE À PARIS JUSTE AVANT MON DÉPART POUR L'ANGLETERRE. SI J'AVAIS SU...

- Je joue plus avec ma tête. - Un co-coach de choc. ***L'Équipe Magazine :*** Plus près de toi Mary. - Mary est un roman. ***Journal du dimanche :*** Mary Pierce : première apothéose. ***Le Figaro :*** Mary Pierce : Une nouvelle vie commence. ***Le Monde :*** Une nouvelle star du tennis mondial. ***Libération :*** Une discipline d'enfer. « Le pire c'est que j'aime ça. » ***Le Parisien :*** Pierce : « J'ai beaucoup appris ! » ***France-Soir :*** « Mon rêve c'est de devenir N°1.» ***Paris-Match :*** Pour ses 20 ans elle s'offre sa plus belle victoire. ***Elle :*** Le sacre de la reine Mary. ***Tennis de France :*** Pourquoi elle gagne.

TOUJOURS À EASTBOURNE, UNE IMAGE TERRIBLE DE LASSITUDE. LA PRESSE ANGLAISE S'ACHARNE SUR MOI ET SE DÉCHAÎNE SUR LES DERNIERS PROBLÈMES QUE J'AI AVEC MON PÈRE. DÉMORALISÉE, DÉGOÛTÉE, JE DÉCIDE DE DÉCLARER FORFAIT POUR WIMBLEDON ET M'ENVOLE AVEC MA MÈRE, MON FRÈRE ET QUELQUES AMIS VERS UNE DESTINATION INCONNUE. J'AI BESOIN DE CALME ET D'AMOUR.

ESCAPADE EN CORSE

En bikini, debout à la proue du bateau, je regarde l'étrave fendre les vagues de la Méditerranée. Le temps est superbe. Une bonne brise gonfle les voiles. Tout va bien. Ou plutôt, tout va mieux. Normalement, je devrais être dans la grisaille anglaise en train de me battre sur le gazon de Wimbledon. Mais des événements imprévisibles m'ont obligée à changer mes plans. Voici l'histoire de mon forfait...

Un peu déçue de ma défaite en finale à Roland-Garros, je désirais

C'EST SUR UN VOILIER, DANS LE PARADIS CORSE, QUE J'AI DÉCIDÉ DE ME RÉGÉNÉRER AVEC LES GENS QUE J'AIME : MA MÈRE YANNICK, MON FRÈRE DAVID ET SA PETITE AMIE LISA, SVEN, MON ENTRAÎNEUR, SANS OUBLIER SKIPPY, NOTRE SKIPPER.

À la barre du voilier, sous le soleil de la Méditerranée, je revis. La mer, la musique et la tendresse de mes proches me redonnent l'énergie dont j'ai besoin.

Avec Lisa, nous jouons comme des dauphins. Un cordage entre les dents, je tire l'embarcation de la fiancée de mon frère. Un excellent exercice pour les muscles de la mâchoire.

montrer ce dont j'étais capable pendant le tournoi de Wimbledon. Je suis donc partie pour l'Angleterre afin de me roder sur le gazon d'Eastbourne. Ma mère, mon frère et sa fiancée étaient du voyage. Tout comme mon entraîneur et mon préparateur physique. Après l'accueil merveilleux des Français, l'acharnement cruel de la presse anglaise m'a fait l'effet d'un cauchemar. Il n'était question que des démêlés - passés et à venir - avec mon père. Les journaux à scandale écrivaient que Jim menaçait de venir à Wimbledon, « qu'il avait construit une Ferrari - la comparaison est flatteuse - et qu'il voulait en récupérer les clefs ».

Écœurés, nous avons tous pris le premier avion sans laisser d'adresse. Destination inconnue et forfait pour Wimbledon. Le lendemain, nous voguions le long des côtes de l'une des plus belles îles du monde, la Corse.

L'objectif le plus important de cette escapade méditerranéenne était déjà atteint : incognito, au beau milieu de la mer, personne ne pouvait nous atteindre. Il fallait faire le vide, fuir la mesquinerie et la méchanceté.

CE JOUR-LÀ, LE VENT SOUFFLAIT FORT. NOUS VENIONS D'ESSUYER UNE TEMPÊTE. À LA BARRE DU BATEAU, JE METS LE CAP SUR BONIFACIO PENDANT QUE LES « LÉZARDS » SE DORENT AU SOLEIL.

J'ADORE SVEN GRONEVELD. C'EST UN EXCELLENT ENTRAÎNEUR QUI CONNAÎT LE CIRCUIT PAR CŒUR, MAIS IL EST AUSSI LE PLUS FIDÈLE ET LE PLUS DRÔLE DES AMIS.

JE FUIS LE STRESS DES CIRCUITS ET DE LA COMPÉTITION POUR UN BOUT DE PARADIS ENTRE CIEL, AIR ET MER. SUR LE PONT DE CE BATEAU, JE ME CONTENTE DE VIVRE PLEINEMENT LE MOMENT PRÉSENT.

Se régénérer. Dans les cas d'extrême urgence, ma mère Yannick procède toujours de la même façon. Elle fait front : changement immédiat d'environnement, cassure du rythme habituel et, surtout, « réunification » des forces familiales par un surplus d'amour et de tendresse. Au fil des années, cette solution miracle a toujours fonctionné. Cette fois encore, nous avons su « gérer » la crise tout en nous ressourçant.

Entourée de Yannick, de David et de sa fiancée Lisa, de Sven Groneveld, mon entraîneur néerlandais et du skipper du bateau - que nous avons immédiatement surnommé « Skippy » - j'ai vite oublié les turbulences passagères de la vie. Même la météo semblait coller à notre drôle d'existence de « saltimbanques ».

Après deux jours de tempête et de forte houle, le grand beau temps est revenu. Ciel bleu, mer calme, soleil radieux, farniente et bonne humeur m'ont immédiatement procuré l'énergie et l'optimisme dont je manquais depuis quelques jours. Enfant de la mer et du vent, l'océan m'a toujours guérie des « galères », du stress et de la fameuse pression que subissent tous les champions.

En écrivant ces lignes, je réalise brutalement qu'il m'aura fallu attendre dix-neuf ans et demi pour prendre de véritables vacances. Pour la première fois, je vivais au jour le jour, oubliant les cadences infernales de l'entraînement et les angoisses des classements. Mes « soucis » devenaient enfin futiles. Quel maillot choisir ? Plongée sous-marine ou planche à voile ? Pique-nique dans une crique ou déjeuner à la terrasse d'un bistrot d'Ajaccio ? Bien évidemment, nous parlions « tennis ». Je m'en voulais terriblement d'avoir

ESCALE IDYLLIQUE SUR UNE PLAGE ET SÉANCE PHOTOS EN BIKINI : LES VACANCES CONTINUENT ET, AU FIL DES JOURS, JE RENAIS. LE SOLEIL, LA MER ET UNE VIE SAINE ONT TOUJOURS ÉTÉ MES MEILLEURES THÉRAPIES.

BI314197

perdu la finale de Roland-Garros, surtout pour le public. Mon entourage a su me faire comprendre que j'avais réussi un tournoi formidable. Mais je suis une perfectionniste. J'ai tendance à oublier tout ce qui est bon pour me focaliser sur mes défauts, mon service trop souvent « moyen », mon jeu de jambes, mon manque de rapidité...

Les rêves les plus beaux ont une fin et les dix jours de cette sublime fugue corse se sont envolés.

PEITITE SIESTE RÉPARATRICE À BORD DU VOILIER DANS LE PORT DE BONIFACIO. DU DÉBUT À LA FIN, CETTE CROISIÈRE AURA ÉTÉ UN VÉRITABLE ENCHANTEMENT.

DEBOUT À LA PROUE DU VOILIER, LES CHEVEUX DANS LE VENT, JE RÉALISE ENFIN QUE J'AI QUAND MÊME FAIT DU BON TRAVAIL À ROLAND-GARROS. MÊME SI JE N'AI PAS GAGNÉ, J'AI DISPUTÉ UNE FINALE SUR LE CENTRAL, ACCLAMÉE COMME JAMAIS.

LA CORSE MÉRITE PLEINEMENT SON SURNOM « D'ÎLE DE BEAUTÉ ». C'EST UN ENDROIT UNIQUE, PRIVILÉGIÉ, ET CHAQUE MATIN JE PLONGE POUR DÉCOUVRIR LA SPLENDEUR DES FONDS SOUS-MARINS.

Elle est belle ma mère, bronzée, avec ses cheveux courts. Nous ne nous quittons pas. Ici, au petit déjeuner, nous croquons dans la même pomme avant d'aller nager. Nous en avions vraiment besoin de ces vacances !

Dans le carré du voilier, mon frère David m'apprend quelques accords à la guitare.

Retour à la planète tennis et à l'Académie de Nick Bollettieri en Floride. Les tournois se sont succédé avec des hauts et des bas sans que j'arrive réellement à retrouver mon état de grâce de Roland-Garros. Je jouais bien, sans plus. Je sentais que le public attendait des prodiges, mais je ne parvenais pas à passer à la vitesse supérieure ou à enclencher le « turbo ». Après un U.S. Open en demi-teinte et les tournois d'hiver européens « sans génie », je me suis réveillée pour les Masters de New York.

Au Madison Square Garden, je me suis retrouvée face à Steffi Graf. Cette rencontre était primordiale pour moi. Ma très rapide progression faisait des envieux. La rumeur voulait que je sois une chanceuse et que le succès de Roland-Garros doive tout à un « très heureux hasard ». Je ne sais pas quelle était ma cote auprès des bookmakers de Las Vegas mais, sur le circuit, Steffi partait favorite.

J'ai la chance d'être entourée par une « dream team ». Mes deux entraîneurs de rêve sont complémentaires. Nick Bollettieri est un maître motivateur et Sven Groneveld, à vingt-neuf ans, est l'un des grands spécialistes internationaux du tennis

« féminin ». Si Sven a travaillé avec Monica Seles et Arantxa Sanchez, il connaît aussi les qualités et les défauts de Steffi Graf. Avant le match, il m'a glissé : « Joue comme à l'entraînement. Sois toi-même. Éclate-toi. Plus de "papillons dans l'estomac" comme à Roland-Garros. »

Oui, « no more butterfly in the stomach ». J'ai suivi les conseils. Les esprits chagrins diront qu'une nouvelle fois, j'ai eu de la chance. Mais la réalité est là. À New York, j'ai battu Steffi Graf pour la seconde fois, avec un service correct, un jeu de jambes en progression constante et un bon coup droit. Bien sûr, j'ai gagné des points sur les lignes, mais dans la plus pure règle tennistique.

Chanceuse Mary ? Peut-être ! Ma première victoire contre Steffi, c'était sur terre battue à Paris ; la seconde, sur terrain dur à New York. Alors...

C'était la fin de l'année. Une année stressante. Je suis partie me reposer une semaine à la Jamaïque avec un ami. Un « boy-friend » ? Il s'agit de quelqu'un qui appartient à mon jardin secret. Je suis sur les courts toute la journée. Je voyage tout le temps. Je n'ai pas un moment à moi. Il est très difficile d'avoir une vie « sentimentale » pour une championne de tennis... « La Jamaïque comme vous l'aviez toujours rêvé », tel pourrait être le titre de ces vacances. Mais j'en ai déjà trop dit.

C'est dans le bonheur que l'année 95 commençait...

Sur le pont, dans le port de Bonifacio, je fais ma gymnastique quotidienne : une heure d'exercices d'assouplissement et de stretching.

Le soir, Sven et moi, nous partons pour un jogging d'une demi-heure. Même en vacances, je m'impose une discipline physique et alimentaire très stricte.

Masters S

Retour sur les circuits et dans le monde impitoyable de la compétition. C'est à New York, pendant l'U.S. Open 1994, que je m'aperçois réellement de ma popularité. Le public américain, à son tour, m'ovationne et me fête : je récolte ce que j'ai semé à Roland-Garros au printemps dernier.

Sven est fier de moi. Il me serre dans ses bras en riant. Cette deuxième victoire contre Graf est capitale pour mon moral : les gens ne pourront plus dire : « Quand Pierce a battu Steffi à Roland-Garros, elle a eu beaucoup de chance ! »

Après le match contre Steffi Graf, José Rincon, mon préparateur physique, dénoue mon bandana.

Les Masters de New York. Pour la deuxième fois de ma carrière, je viens de battre Steffi Graf. Sur une surface dure cette fois. Au Madison Square Garden, Sven et moi échangeons la poignée de main de la victoire. Nous formons un vrai team (à g.).

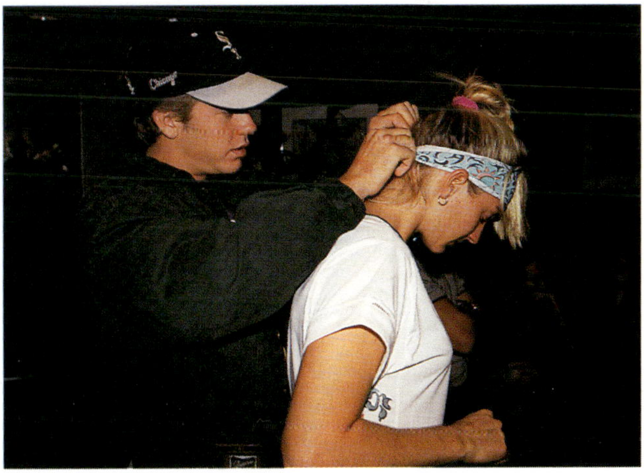

Janvier 1995. Je viens d'avoir vingt ans et je passe devant les buildings de Melbourne. Demain, l'Open d'Australie commence. Mon moral est au beau fixe. J'arrive de Hong-Kong où j'ai battu Arantxa Sanchez. Une victoire qui sera lourde de conséquences pour la suite des événements.

LE RÊVE AUSTRALIEN

De mon bras gauche, je serre fièrement contre moi la longue et lourde coupe du vainqueur. Le bras droit est occupé par un adorable kangourou en peluche, mascotte du tournoi australien. Dans les tribunes, un public en délire m'offre une « standing ovation » en scandant mon prénom à l'infini : « Mary ! Mary ! Mary ! » Sous le soleil, dans le bleu incomparable du ciel austral, les flashes des photographes crépitent sans répit. Ivre de bonheur, un peu « sonnée » par le succès, je souris, savourant chaque seconde de ce rêve « made in Australia ».

SÉANCE D'ASSOUPLISSEMENT AVEC JOSÉ RINCON QUI M'ACCOMPAGNE SUR TOUS LES CIRCUITS DU MONDE.

NIKE
F.I.T.

Malgré une épaule droite douloureuse, j'attaque le tournoi dans une forme éblouissante. Je suis présente sur chaque coup. Concentrée mais libre dans ma tête, je prends un plaisir fou à jouer...

... même quand je perds des points « évidents ». Alors, je baisse mon bandana sur mes yeux et je me dis : « Tu deviens aveugle ? » J'ai de l'humour. Ça va !

Ce samedi 28 janvier 1995 restera à jamais comme le plus beau jour de ma jeune vie de championne. Je viens de battre mon éternelle rivale, la « grande » Arantxa Sanchez, en deux sets, à Melbourne, en finale de l'Open d'Australie.

Cette première victoire dans un tournoi du Grand Chelem possède la saveur incomparable des moments d'exception. Désormais classée numéro 3 mondiale au classement WTA des joueuses, j'ai atteint les buts que je m'étais fixés pour cette saison.

Dans la multitude des visages amis, je cherche les yeux de Sven Groneveld, et de José Rincon, mon préparateur physique, car cette victoire leur appartient aussi. Les voilà ! Émus. Heureux. Au bord des larmes. Je l'ai fait ! Nous avons réussi ! Mission accomplie ! Mais nous savons déjà tous les trois que ce succès va m'obliger à travailler encore plus, car je ne veux pas en rester là !

En me dirigeant vers les vestiaires sous les hourras pour téléphoner, comme tous les jours, en Floride à ma mère Yannick et à mon autre entraîneur, Nick Bollettieri, je revois dans un flash-back accéléré les grands moments de ce tournoi où j'ai vaincu mes vieux démons.

Pendant quinze jours, je n'ai pas concédé un seul set en sept matches. Pourtant, j'ai un peu douté, surtout quand, deux jours avant la rencontre avec Arantxa Sanchez, j'ai dû me faire soigner par mon kinésithérapeute ; un nerf pincé dans le cou rendait les muscles de mon épaule droite

TENDUE, LE POING FERMÉ, JE HURLE MA DÉTERMINATION : « ALLEZ, VAS-Y ! ÇA Y EST PRESQUE ! » DANS CETTE FINALE CONTRE ARANTXA SANCHEZ, J'AI GAGNÉ LE PREMIER SET ET JE VIENS DE REMPORTER MA MISE EN JEU DANS LE DEUXIÈME...

« Tu vas gagner ! Tu peux gagner ! » Je lève les bras, la tête dans les étoiles : je viens de prendre deux services d'avance sur une accélération de coup droit le long de la ligne. C'est vrai que ma victoire à Hong-Kong avait légèrement déstabilisé Arantxa...

La dernière ligne droite. Je mène 5-2 et 40-15. C'est l'instant terrible de la balle de match. Je me détends complètement et respire un grand coup...
(pages suivantes)

un peu douloureux. En vérité, j'ai souffert toute la durée du tournoi, mais j'avais décidé d'occulter le mal.

Flash-back également sur les quatre-vingt-cinq minutes de ce match décisif pour ma carrière. Cet affrontement, finalement, je l'ai gagné avec ma « tête » et mon service. Je suis restée présente, concentrée, accrocheuse sur chaque point. Il était crucial pour moi de tenir bon, même quand j'ai perdu ce long échange en début de premier set. Je me motivais en répétant sans cesse : « Un point perdu, ce n'est pas la mort ; montre-lui que tu es là, que tu ne laisseras rien passer. Contrôle ton match, pense au point suivant qui sera gagnant. »

À la fin du second set, j'ai senti intuitivement que la voie royale était ouverte. Nous en étions à 3-2 en ma faveur et je me suis surprise à penser : « Là, tu joues vraiment bien. » Si ma modestie doit en souffrir, c'est vrai que j'ai joué l'un de mes meilleurs tennis pendant les trois derniers jeux. J'étais « habitée ». Tout me réussissait et j'ai vécu des moments de grâce

VICTOIRE ! MA PREMIÈRE VICTOIRE DANS UN TOURNOI DU GRAND CHELEM ! MA REVANCHE DE ROLAND-GARROS. JE NE SAIS PAS QUOI DIRE. JE NE SAIS PAS QUOI FAIRE. ALORS, JE MORDS DANS MA RAQUETTE, À ME BRISER LES MÂCHOIRES.

LA DANSE DU TRIOMPHE. MALGRÉ LES OVATIONS, JE N'ENTENDS RIEN. JE SAUTE EN L'AIR, JE VIREVOLTE. C'EST ÇA LE BONHEUR ET C'EST TELLEMENT MERVEILLEUX.

« Non, tu ne rêves pas, tu as vraiment gagné ! » C'est ton nom qui est inscrit là-bas sur le panneau. Avant d'aller remercier et embrasser le public, je ne peux m'empêcher de pleurer.

pure, portée par un public exceptionnel...

En fait, tout s'est accéléré en 1/4 de finale pendant l'affrontement contre l'Allemande Anke Huber. Anke est le genre de joueuse qui me gêne plus que Graf ou Sanchez. Elle est constamment en attaque et frappe très fort. Presque aussi fort que moi. Il fallait donc que je change mon jeu, que je réfléchisse, que j'anticipe. Le « rebound ace », la surface des courts de Melbourne, m'a aidée car la balle ne va pas trop vite et rebondit haut, ce qui permet de préparer les coups. Contre Anke Huber, j'ai calculé chaque point. J'ai réfléchi sur chaque coup. J'ai gagné et ça a été le déclic : j'étais désormais capable de battre des joueuses avec mon « esprit »... Mais revenons à la finale contre Arantxa

Le plus beau jour de ma vie : je lève le lourd trophée du vainqueur au-dessus de ma tête. Je suis désormais la troisième meilleure joueuse mondiale.

Avant de téléphoner à maman et à Nick Bollettieri qui sont restés en Floride, je signe tellement d'autographes que, le lendemain, j'aurai même mal au poignet. Une séance de dédicaces presque aussi rude que ce match de finale de Grand Chelem.

U.S. OPEN. NEW YORK CITY.
JE REÇOIS LE TROPHÉE DE LA JOUEUSE AYANT FAIT LA PLUS GRANDE PROGRESSION DE L'ANNÉE.
MISSION ACCOMPLIE.
POUR L'INSTANT...

Sanchez et à la balle de match. En servant, je pensais : « Continue, ne pense pas que c'est une balle de match. Considère qu'il s'agit d'un point comme les autres, un tout petit point. Gagne-le et c'est fini. »

Après le match, avant la sacro-sainte conférence de presse, je me suis retirée longuement dans ma loge pour me détendre en faisant du stretching. Puis, j'ai appelé ma mère Yannick, ma plus fervente et plus fidèle supportrice.

- Allô, maman, j'ai gagné !

- Formidable, ma chérie. Je t'ai vue à la télévision. Je suis toute fière. Jc suis tellement heureuse.

Pendant de longues minutes, nous avons ri ensemble. Je lui ai fait partager mon bonheur, mon émotion. En raccrochant, j'ai pensé à Arantxa. Aujourd'hui, contre elle, j'avais joué la tête dans les étoiles. Quand j'ai gagné, elle est venue m'embrasser et j'ai repensé à une autre finale où nous avions été opposées, quelques jours plus tôt, lors d'un tournoi d'exhibition à Hong-Kong. Il s'agissait, je le répète, d'un simple match d'exhibition sans aucune importance sur le classement ou la carrière. Mais Sven m'a dit : « Mary, si tu veux un bon conseil, sors-toi les tripes aujourd'hui. Tu ne peux pas savoir comme c'est important que tu gagnes. Ça te servira pour plus tard. »

J'ai bien enregistré la leçon. Maintenant, je sais que tous les matches, même les plus anodins, peuvent servir de détonateur pour des victoires lors de finales de Grand Chelem. Et celle de l'Open d'Australie, je ne l'oublierai jamais.

Chaque fois que je revois des photos ou des cassettes, la même émotion m'étreint et j'ai toujours autant envie de pleurer. Faire de son rêve une réalité est toujours un merveilleux cap à passer. Mais le plus difficile, c'est de se surpasser encore et encore pour arriver au sommet. Je vais y arriver, je le sais. Car depuis l'âge de dix ans, je suis entrée « en tennis », comme on entre dans les ordres.

J'ai pris les décisions qu'il fallait. Désormais, je mène ma vie. Ma mère me conseille dans mes affaires et ma communication. Je suis heureuse.

La grande aventure ne fait que commencer. En route vers l'avenir.

MARY PIERCE
FAN CLUB
B.P. 32
95460 - ÉZANVILLE
TÉL. ET FAX : 39.91.32.00.

Crédits photos :

PRESSE SPORTS :

CHICOT : p. 12. - DESCHAMPS : p. 4 ; 7 ; 10 ; 24 ; 25 ; 26 ; 27 ; 28 ; 29 ; 30, 31 ; 32 ; 33 (haut et bas) ; 34 ; 35 ; 37 (haut et bas) ; 40 ; 41 ; 42 ; 44 (centre) ; 45 ; 48 ; 49 ; 50 (haut et bas) ; 51 ; 52 (haut et centre) ; 53 ; 54 ; 55 ; 56 ; 57 ; 59 ; 60 (haut, centre et bas) ; 61 (gauche) ; 66 ; 68 (haut et bas) ; 69 ; 70, 71 ; 72, 73 ; 80 (haut et bas) ; 81 (haut et bas) ; 86 ; 88 (centre) ; 92, 93 ; 98 (haut et bas) ; 99 ; 100 ; 101 (haut et bas) ; 102 ; 103 ; 104 ; 105 ; 106 ; 107 ; 108 ; 109 ; 110 ; 111 ; 112 ; 113 ; 114 ; 115 ; 116 ; 117 (haut et bas) ; 118 (haut et bas) ; 121 (gauche et droite) ; 122, 123 ; 124 ; 125 (haut et bas) ; 141. - FÈVRE : p. 36 (haut et bas) ; 75 ; 78 ; 79 (bas). - LABLATINIÈRE : p. 16 ; 17 (haut et bas) ; 18. - LUTTIAU : pages de garde ; p. 19 ; 76 ; 79 (haut) ; 85 ; 88 (haut) ; 91 ; 126 ; 127 ; 128 ; 129 ; 130 ; 131 ; 132, 133 ; 134 ; 135 (haut, centre et bas) ; 136 (haut et bas) ; 137 ; 138, 139. - POCHAT : p. 2, 3 ; 11 (bas) ; 13 ; 14 ; 20 (haut) ; 21 ; 22 ; 23 ; 39 (haut et bas) ; 43 (haut, bas et centre) ; 47 (haut et bas) ; 61 (droite) ; 62 ; 63 ; 64 ; 67 (gauche et droite) ; 77 ; 83 ; 87 ; 94 ; 95 ; 97 ; 142, 143.

SIPA :

BERMANN : p. 140. - COLIN : p. 84 ; 89 ; 90. - GROMIK : p. 82 ; 96. - RICHARD MARTIN : p. 11 (haut). - SWANSON : p. 46. - TAVERNIER : p. 20 (bas) ; 44 (haut) ; 74. - HINDLEY : p. 38.

Graphistes :
Pascal Vandeputte
David Lemière

Achevé d'imprimer par HÉRISSEY
pour le compte des Éditions Michel LAFON
103, boulevard Murat 75116 PARIS
50-1409-7